Ich höre auf, ehrlich!

Rolf Merkle

Ich höre auf, ehrlich

Ein praktischer Ratgeber für Betroffene und Angehörige

pal

Bibliografische Information Der Deutschen Bibliothek
Die Deutsche Bibliothek verzeichnet
diese Publikation in der Deutschen Nationalbibliografie;
detaillierte bibliografische Daten sind im Internet über
http://dnb.ddb.de abrufbar

ISBN 3-923614-10-1
ISBN 978-3-923614-10-3
9. Auflage 2006

Druck: C. Bockfeld, Neustadt

Inhalt

Deine Zukunft ist das, was Du daraus machst.

Wer auch immer Sie gerade sind,
wie auch immer Ihr momentanes Leben aussieht,
Sie können sich und Ihre Zukunft neu gestalten.

Sie können heute beginnen,
sich zu ändern und so den Grundstein
für eine bessere Zukunft legen.

Sie sind der Baumeister Ihres Lebens
und Ihrer Zukunft.

Einleitung

Als ich vor einigen Jahren in einer Klinik für Alkoholabhängige gearbeitet habe, suchte ich nach einem Buch, das ich meinen Patienten therapiebegleitend und für die Zeit danach anbieten konnte. Es sollte ein Buch sein, das jedem Betroffenen, alkoholgefährdet oder alkoholabhängig, konkrete Hinweise zur Selbsthilfe gibt.

Dieses Buch fand ich jedoch nicht. Sicherlich gab es eine Menge Literatur über die Gefahren und die Auswirkungen des Alkoholmißbrauchs oder darüber, wie eine Abhängigkeit entsteht. Auch gab es eine Vielzahl Berichte von Betroffenen, was sie und ihre Familie durchgemacht haben, und wie sie ihre Sucht besiegt haben. Aber ich fand kein Buch, in dem der Abhängige mehr darüber erfahren konnte, wie er seine Probleme auch ohne Alkohol lösen kann. Nach einigem Überlegen beschloß ich, selbst ein solches Buch zu schreiben.

Ich hoffe und wünsche, daß Ihnen dieses Buch eine große Hilfe bei der Bewältigung Ihrer Alkoholprobleme sein wird.

Wichtige Hinweise für den Umgang mit diesem Buch

Dieses Buch tut nichts für Sie. Es löst Ihre Alkoholprobleme nicht. Nur Sie selbst können diese überwinden. Es liegt bei Ihnen, sich die Hilfestellungen und Selbsthilfetechniken dieses Buches anzueignen und auf Ihre Probleme anzuwenden.

Das bedeutet: Sie müssen etwas dafür tun, daß es Ihnen besser geht. Behandeln Sie dieses Buch deshalb nicht wie einen Roman, den man ein Mal, möglichst schnell, von vorne bis hinten liest und dann für immer beiseite legt. Lesen Sie jedes Kapitel so sorgfältig und so oft, bis Sie mit seinem Inhalt vertraut sind und Übung in der Anwendung der Selbsthilfetechniken haben. Lesen Sie immer mal wieder darin, um Ihr Wissen und Ihre Fertigkeiten zu festigen und zu vertiefen.

Kann man sich überhaupt selbst helfen?

Ja, Selbsthilfe ist im Grunde genommen nichts Neues für Sie. So haben Sie sich beispielsweise bis jetzt in Ihrem Leben auch schon geholfen. Sie haben Alkohol getrunken, um damit Ihre Probleme zu lösen.

In diesem Ratgeber lernen Sie Möglichkeiten kennen, wie Sie auf ungefährliche Weise Ihre Probleme lösen können. Sie erfahren, wie Sie durch eine Veränderung Ihrer Einstellungen Ihre Probleme lösen und negative Gefühle überwinden können. Die Veränderung von Lebensgewohnheiten und Einstellungen ist jedoch ein hartes Stück Arbeit. Ein manches Mal werden Sie versucht sein, den leichteren Weg zu gehen. Sie werden versucht sein, wieder zu Ihrem Hausmittel, dem Alkohol, zu greifen.

Die Selbsthilfemethoden, die Sie in diesem Buch finden, haben sich bei vielen Menschen bewährt. Auch Sie werden von ihnen sehr viel profitieren, wenn Sie bereit sind, etwas dafür zu tun. Haben Sie Geduld mit sich. Fest eingefahrene Denk- und Verhaltensweisen lassen sich nicht von heute auf morgen verändern. Werfen Sie also nicht gleich die Flinte ins Korn, wenn Sie nicht auf Anhieb Erfolg haben. Probieren Sie es noch einmal und geben sich eine zweite Chance und wenn nötig eine dritte oder vierte Chance..

Wie dieses Buch aufgebaut ist

Ich habe dieses Buch in drei Abschnitte unterteilt.

In Teil I spreche ich kurz darüber, wie eine Abhängigkeit vom Alkohol entstehen kann. Anhand eines Tests können Sie feststellen, ob Sie alkoholgefährdet oder alkoholabhängig sind. Darüber, wie die Abhängigkeit entsteht und welche körperlichen, seelischen und sozialen Folgen sie hat, habe ich bewußt nur das Nötigste geschrieben. Zu diesem Thema gibt es bereits eine Menge Bücher.

In Teil II erfahren Sie, wie Sie auch ohne Alkohol Ihre Probleme meistern können. Sie lernen eine für Sie wahrscheinlich völlig neue Art der Problembewältigung kennen, die sich schon bei Hunderttausenden auf der ganzen Welt bewährt hat. Es handelt sich um die Kognitive Therapie. Sie lernen, wie Sie Ängste, Unsicherheiten, Schlafprobleme, Minderwertigkeitsgefühle, Ärger, Streß und andere Probleme überwinden können.

In Teil III gehe ich auf häufige, mit dem Alkohol verbundene Probleme ein. So etwa auf die Angst vor Ablehnung, das Mißtrauen des Partners, das kontrollierte Trinken, usw. Dieser Teil ist vor allem dann für Sie wichtig, wenn Sie sich in Kur befinden oder mit Hilfe einer Organisation, wie den Anonymen Alkoholikern, vom Trinken loskommen wollen.

Und nun wünsche ich Ihnen, daß Sie den Mut und die Ausdauer aufbringen werden, Ihr Leben auch ohne Alkohol so zufrieden zu gestalten, wie Sie es möchten.

Rolf Merkle

Teil I

In diesem Teil des Buches werde ich ganz kurz auf die Entwicklung der Alkoholabhängigkeit eingehen.

Sie erfahren, wie es möglich ist, daß aus einem Genußmittel wie dem Alkohol ein Suchtmittel wird. Sie lernen den Unterschied zwischen der psychischen und der körperlichen Abhängigkeit kennen.

Mit Hilfe eines Fragebogens können Sie herausfinden, in welcher Phase der Abhängigkeit Sie sich befinden. Sie erfahren, ob Sie „nur“ gefährdet oder schon vom Alkohol abhängig sind. Die Auswertung des Tests zeigt Ihnen auch, ob Sie noch kontrolliert trinken können oder ob die völlige Abstinenz der einzige Weg ist, um Ihr Alkoholproblem in den Griff zu bekommen.

Kapitel 1
Entwicklung der Alkoholabhängigkeit

Alkohol ist ein Genußmittel, das in unserer Gesellschaft nicht mehr wegzudenken ist. Viele Menschen trinken ihr ganzes Leben lang Alkohol, ohne dadurch in Schwierigkeiten zu geraten. Dann gibt es aber auch sehr viele Menschen, für die Alkohol zu einem Problem geworden ist. Für diese Menschen ist Alkohol nicht mehr länger ein Genußmittel. Er ist zu einem Suchtmittel geworden, von dem der Betroffene abhängig ist.

Wie wird aus einem Genußmittel ein Suchtmittel?

Ein Genußmittel wie der Alkohol kann sehr leicht zu einem Suchtmittel werden, wenn man den Alkohol zu etwas mißbraucht, für das er nicht bestimmt ist.

Viele Menschen mißbrauchen den Alkohol als Seelentröster, Problemlöser, Aufmunterer, Stimmungsmacher oder als Einschlafmittel. Das Trinken von Alkohol wird dann bewußt oder unbewußt eingesetzt, um sich zu helfen. Diese Menschen greifen zu dieser Form der Selbsthilfe, da sie nicht wissen, wie sie sich auf andere Art und Weise helfen können. Der Alkohol erscheint ihnen als ein geeignetes und ungefährliches Mittel zur Lösung ihrer Probleme.

So trinkt Peter, ein 23-jähriger Student, abends ein paar Glas Bier, ehe er in die Kneipe geht oder sich mit Freunden trifft. Mit etwas Alkohol ist er weniger gehemmt und kann sich freier mit anderen, insbesondere mit Frauen, unterhalten.

Inge hat Einschlafprobleme. Sie hat die Erfahrung gemacht, daß der Alkohol ein ausgezeichnetes Einschlafmittel ist.

Alfred ist leitender Angestellter. Er hat immer viel um die Ohren und steht ständig unter Streß. Ein paar Gläser Cognac am Abend helfen ihm abzuschalten und sich zu entspannen.

Dieter leidet unter starken Ängsten. Er befürchtet stets, bei seiner Arbeit zu versagen. Er hat die Erfahrung gemacht, daß er mit ein paar Korn konzentrierter und lockerer arbeiten kann.

Sybille ist viel alleine. Ihr Mann ist oft auf Geschäftsreise oder arbeitet bis spät in den Abend. Sie fühlt sich sehr einsam und sieht keinen Sinn mehr in ihrem Leben. Nach ein paar Gläsern Sekt erscheint ihr alles nicht mehr so schlimm, und die Zeit des Wartens ist für sie angenehmer.

Fritz ist sehr schnell an der Decke. Er findet immer einen Grund, um sich zu ärgern. Für ihn ist das Leben ein harter Kampf, bei dem es stets um Sieg oder Niederlage geht. Für ihn ist der Alkohol eine Möglichkeit, seine Ärgergefühle hinunterzuspülen.

Kurt ist ein sehr geselliger Mensch; das sagen zumindest seine Freunde. Wenn er mit ihnen weggeht, dann spendiert er eine Runde nach der anderen. Er verträgt einiges und darauf ist er stolz. Für ihn ist das Trinken und das „Einen Ausgeben" eine Möglichkeit, um sich bei seinen Kumpels beliebt zu machen und um „Wer" zu sein.

Inge, Alfred, Dieter und all die anderen haben eines gemeinsam: Sie mißbrauchen den Alkohol zur Steigerung ihres seelischen und körperlichen Wohlbefindens. Einige Gläser Alkohol scheinen ihre Probleme zu lösen oder zumindest erträglicher zu machen.

Psychische Abhängigkeit

Mißbraucht man den Alkohol zur Steigerung seines seelischen Wohlbefindens, dann kommt es sehr rasch zur psychischen Abhängigkeit. Darunter versteht man, daß ein Mensch den Alkohol zur Verbesserung seines seelischen und körperlichen Wohlbefindens benutzt.

Einen Menschen, der seine Probleme und Konflikte mit Alkohol zu lösen versucht, nennt man Problem- oder Konflikttrinker. Jedes unangenehme Gefühl und jede unangenehme Situation ist für den Problemtrinker ein Anlaß, um zu trinken.

Während er zu Beginn noch sagt: „Wenn ich jetzt etwas trinke, dann geht es mir besser", wird er mit der Zeit sagen: „Ich *brauche* etwas zu trinken, damit es mir besser geht". Alkohol wird also zum Problemlöser schlechthin. Im Vordergrund des Alkoholkonsums steht nicht mehr der Genuß, sondern die Wirkung des Alkohols.

In der Regel nehmen im Laufe der Zeit die Trinkanlässe zu. Je mehr und je öfter man aber trinkt, umso größer ist die Gefahr der körperlichen Abhängigkeit vom Alkohol.

Körperliche Abhängigkeit

Wenn man eine chemische Substanz wie den Alkohol über längere Zeit hinweg zu sich nimmt, dann gewöhnt sich unser Körper daran. Hat anfänglich noch ein Glas Alkohol genügt, um entspannt zu sein, so braucht man nach einiger Zeit schon 2 Gläser, dann sind es 3 und so weiter. In der Fachsprache nennt man das Toleranzerhöhung. Da der Problemtrinker den Alkohol vor allem wegen seiner entspannenden Wirkung trinkt, macht er die Steigerung mit.

Irgendwann einmal aber ist unser Körper nicht mehr in der Lage, den Alkohol abzubauen. Er ist überfordert. Und jetzt tut er eigentlich etwas sehr Sinnvolles. Da er den Alkohol nicht mehr abbauen kann, beginnt er, ihn so zu behandeln, als wäre er eine körpereigene Substanz. Er baut den Alkohol in seine chemischen Prozesse ein. Diese Überlebensstrategie unseres Körpers macht nun aus dem Problemtrinker einen Alkoholabhängigen. Zu der psychischen Abhängigkeit ist nun auch die körperliche Abhängigkeit gekommen. Ein Absinken des Alkoholspiegels im Körper führt nun dazu, daß die chemischen Prozesse des Körpers aus dem Gleichgewicht geraten. Der Alkoholabhängige erlebt diese Störung des Körpers als ein intensives Verlangen nach Alkohol. Er verspürt Symptome wie innere Unruhe, Händezittern, Angstgefühle, Schweißausbrüche, etc. Diese Symptome bezeichnet man als Entzugserscheinungen. Je nach dem Grad der körperlichen Abhängigkeit äußern sich diese Entzugserscheinungen verschieden stark.

Der körperlich Abhängige trinkt nun aus Angst vor diesen sehr unangenehmen Entzugserscheinungen, bzw. da er befürchtet, seine Umwelt könnte feststellen, „wie weit er schon heruntergekommen ist".

Die Entwicklung der Alkoholabhängigkeit von der psychischen Abhängigkeit hin zur körperlichen Abhängigkeit kann viele Jahre dauern. Wie schnell jemand körperlich abhängig wird, hängt von der Trinkmenge und seiner körperlichen Verfassung ab. Auch wenn der Beginn der körperlichen Abhängigkeit von Mensch zu Mensch verschieden ist, so kann doch jeder vom Alkohol abhängig werden, der ihn mißbraucht.

Der gewohnheitsmäßige Genuß großer Mengen Alkohol über einen längeren Zeitraum führt bei jedem Menschen zu einer körperlichen Abhängigkeit und der Krankheit Alkoholismus.

Wo stehen Sie?

Sind Sie alkoholgefährdet oder schon alkoholabhängig? Mit Hilfe des Fragebogens im nächsten Kapitel können Sie herausfinden, wie es um Sie steht.

Kapitel 2
Bin ich alkoholgefährdet oder alkoholkrank?

Ein Test zum Selbermachen*

Mit Hilfe dieses Fragebogens können Sie selbst herausfinden, ob Sie „nur" gefährdet oder schon abhängig sind. Voraussetzung hierfür ist jedoch, daß Sie sich selbst nichts vormachen und diese Fragen offen und ehrlich beantworten. Sind Sie dazu bereit?

Wenn ja, dann kreuzen Sie bei jeder der 87 Feststellungen die für Sie zutreffende Alternative ja oder nein an. Am Ende des Fragebogens erfahren Sie, wie es um Sie steht.

Bin ich alkoholkrank oder alkoholgefährdet?

1. Alkohol ist für mich die beste Medizin! ja/nein
2. Wenn ich Alkohol getrunken habe, fühle ich mich stark und leiste mehr. ja/nein
3. Wenn ich Alkohol getrunken habe, bin ich zufrieden und fühle mich richtig erleichtert. ja/nein
4. Ich trinke auch, weil ich dadurch sicherer und selbständiger werde. ja/nein
5. In Gesellschaft bin ich viel unbefangener und fühle mich wohler, wenn ich einige Gläser getrunken habe. ja/nein
6. Ich kann dann unter Alkoholeinfluß viel besser aus mir herausgehen. ja/nein
7. Ich trinke, um Ärger und Schwierigkeiten vergessen zu können. ja/nein
8. Wenn ich getrunken habe, ist alles viel leichter und weniger gefährlich. ja/nein

* Veröffentlicht mit freundlicher Genehmigung des Badischen Landesverbandes gegen die Suchtgefahren, Renchen

9. Wenn ich Hemmungen habe oder voller Anspannung bin, trinke ich Alkohol; dann geht es besser. ja/nein
10. Wenn ich traurig bin, trinke ich Alkohol und fühle mich besser. ja/nein
11. Ich trinke, um mit schwierigen Angelegenheiten besser fertig zu werden. ja/nein
12. Alkohol hilft mir, Ärger oder meine schlechte Laune zu beheben. ja/nein
13. Wenn ich getrunken habe, fühle ich mich innerlich ruhig und kann schlafen. ja/nein
14. Damit die anderen nicht schlecht von mir denken, trinke ich heimlich. ja/nein
15. Die ersten Gläser trinke ich schnell, fast gierig. ja/nein
16. Ich denke eigentlich ziemlich oft an Alkohol. ja/nein
17. Vor einem Besuch oder einem Fest hebe ich erst mal schnell einen, um in Stimmung zu kommen. ja/nein
18. Zwischendrin trinke ich auch mal draußen (in der Küche, dem Gang, auf der Toilette oder woanders), damit die anderen nicht merken, wie viel ich trinke. ja/nein
19. Manchmal habe ich Schuldgefühle, weil ich soviel trinke. ja/nein
20. Wenn andere über Alkohol sprechen, ist mir das unangenehm. Ich versuche dann, das Gespräch auf etwas anderes zu lenken. ja/nein
21. Mit ist aufgefallen, daß andere Leute anders trinken als ich. ja/nein
22. Ich habe auch schon hin und wieder überlegt, ob die anderen wegen meines Trinkens nichts mehr von mir wissen wollen. ja/nein
23. Wenn ich viel getrunken habe, weiß ich häufig danach nichts mehr oder kann mich nur noch schlecht erinnern. ja/nein
24. Ich verstecke alkoholische Getränke, damit andere nicht sehen können, wenn ich mal etwas trinke. ja/nein

25. Wenn ich die ersten Gläser getrunken habe, muß ich einfach weitertrinken. ja/nein
26. Ich kann dann gar nicht mehr kontrollieren, wieviel ich trinke. ja/nein
27. Früher habe ich weniger getrunken. ja/nein
28. Heute trinke ich mehr als früher, obwohl ich es manchmal gar nicht will. ja/nein
29. Wenn ich jemandem etwas versprochen habe, will ich es auch wirklich einhalten, aber es klappt häufig gar nicht mehr. ja/nein
30. Es ist merkwürdig: wenn ich heute trinke, lösen sich meine inneren Spannungen gar nicht mehr. Früher war das anders. ja/nein
31. Wenn ich wegen meines Trinkens angesprochen werde, gebrauche ich Ausreden und Entschuldigungen, weshalb ist soviel trinke. ja/nein
32. Meine Familie und meine guten Freunde haben mir schon Vorwürfe wegen meines Trinkens gemacht; sie haben mich getadelt und gewarnt. ja/nein
33. Ich habe versucht, ihnen klarzumachen, daß ich durchaus mäßig trinken kann. ja/nein
34. Oft habe ich versucht, mich selbst und meine Umgebung davon zu überzeugen, daß ich ganz zu Recht betrunken war. ja/nein
35. Meinem Chef und meinen Arbeitskollegen ist mein Trinken aufgefallen. ja/nein
36. Ich versuche, meine Unsicherheit zu verbergen und trete betont selbstsicher und forsch auf. ja/nein
37. Ich neige dazu, übertrieben großzügig zu sein. ja/nein
38. Und manchmal bin ich verschwenderisch und benehme mich ziemlich großspurig. ja/nein
39. Manchmal bin ich gereizt und wütend auf andere. ja/nein
40. Wenn ich gereizt war, habe ich bei meinen Angehörigen irgendwelche Fehler gesucht, um ihnen Vorwürfe machen zu können. ja/nein
41. Wenn jemand versuchte, mich vom Alkohol fernzuhalten, wurde ich wütend. ja/nein

42. Häufig mache ich mir selbst die größten Vorwürfe wegen meines Trinkens. ja/nein
43. Zeitweise habe ich auch schon versucht, völlig ohne Alkohol zu leben. ja/nein
44. Außerdem nahm ich mir vor, nur zu bestimmten Zeiten und Gelegenheiten zu trinken. Ich gehe da richtig planmäßig vor. ja/nein
45. Als ich den Arbeitsplatz wechselte, habe ich schon überlegt, welche Arbeit am wenigsten mein Trinken stört. ja/nein
46. Mein Lebensstil und meine Arbeit richten sich nach dem Trinken. Ich denke immer mehr an den Alkohol. ja/nein
47. Dadurch, daß ich immer mehr trinke, habe ich kaum noch Interesse, etwas anderes zu tun: (z.B. mal mit der Familie wegzugehen, mich um die Kinder zu kümmern, meine Hobbys zu pflegen). ja/nein
48. Ich trinke lieber heimlich und allein, weil die anderen mich ja doch nicht verstehen. ja/nein
49. Meine Schwierigkeiten sind so groß, daß ich mir selbst leid tue. ja/nein
50. Mir ist schon wegen des Trinkens gekündigt worden oder ich habe deshalb selbst gekündigt. ja/nein
51. Ich habe oft die Stelle gewechselt. ja/nein
52. Alle sind gegen mich und keiner versteht mich. ja/nein
53. Manchmal glaube ich, daß ich das ärmste und verlassenste Geschöpf auf der ganzen Welt bin. ja/nein
54. Manchmal überlege ich, ob es nicht besser wäre, wenn ich von zuhause wegginge. (Ich bin schon von zuhause weggegangen). ja/nein
55. Mein Trinken hat sich schon auf mein Familienleben ausgewirkt (wie z.B. getrennte Schlafzimmer, getrennte Wohnung oder anderes). ja/nein
56. Ich muß immer einen Vorrat an Alkohol haben. ja/nein
57. Dadurch, daß ich „flüssiges“ Brot zu mir nehme, brauche ich nicht regelmäßig zu essen. ja/nein
58. Ich bin schon wegen organischer Schäden im

Krankenhaus behandelt worden (Magengeschwür, Magenschleimhautentzündung, Leber, Kreislaufschäden und anderes). ja/nein

59. In letzter Zeit hat mein Interesse am Geschlechtsverkehr nachgelassen. ja/nein
60. Meiner Frau/meinem Mann gegenüber bin ich eifersüchtig und mißtrauisch. ja/nein
61. Meine Frau/mein Mann hat von Scheidung gesprochen - die Scheidung eingereicht. ja/nein
62. Morgens zittere ich immer so. ja/nein
63. Morgens trinke ich regelmäßig. ja/nein
64. Ich war auch schon am Tage und mitten in der Woche betrunken. ja/nein
65. Häufig habe ich einige Tage hintereinander getrunken und konnte gar nichts anderes mehr tun. ja/nein
66. Wenn ich betrunken war, war ich gereizt. ja/nein
67. Es kam auch schon mal zu Tätlichkeiten gegen andere. ja/nein
68. Man hat mich schon aus dem Lokal geworfen oder die Polizei hat mich festgenommen und zur Ausnüchterung gebracht. ja/nein
69. Weil ich am Arbeitsplatz getrunken habe, wurde mir gekündigt. ja/nein
70. Meine Frau/mein Mann/meine Angehörigen/ich habe(n) bereits einen Arzt aufgesucht, um Rat und Hilfe zu bekommen. ja/nein
71. Ich habe erhebliche Schlafstörungen. ja/nein
72. Wenn ich Alkohol trinke, nehme ich auch schon mal Tabletten dazu. ja/nein
73. Ich muß unbedingt Alkohol haben, egal was passiert. ja/nein
74. Mein Äußeres ist mir gleichgültig. ja/nein
75. Manchmal kann ich gar nicht mehr richtig denken. ja/nein
76. Ich habe auch schon mit Leuten getrunken, mit denen ich mich früher nicht an einen Tisch gesetzt hätte. ja/nein

77. Wenn ich nichts anderes habe, trinke ich auch schon mal „Fusel“. ja/nein
78. In letzter Zeit vertrage ich Alkohol nicht mehr richtig. ja/nein
79. Manchmal habe ich furchtbare Angst, ich fühle mich bedroht und verfolgt und weiß nicht warum. ja/nein
80. Oft kann ich nicht einmal mehr meine Uhr aufziehen, aus einer Tasse trinken oder mich rasieren, ohne vorher etwas getrunken zu haben. ja/nein
81. Mein Trinken ist schon zwanghaft. ja/nein
82. Wenn ich nichts trinke, hört das starke Zittern überhaupt nicht mehr auf. ja/nein
83. Manchmal höre oder sehe ich Dinge, die eigentlich nicht vorhanden sind. ja/nein
84. Mit meinen Ausreden bin ich oft vollkommen am Ende. ja/nein
85. Ich habe schon daran gedacht, Schluß zu machen. ja/nein
86. Ich habe es auch schon versucht. ja/nein
87. Ich hatte schon mal ein Delir. ja/nein

Erläuterungen zur Auswertung

Die insgesamt 87 Fragen oder Feststellungen beziehen sich auf die vier Stufen oder Phasen der Abhängigkeitsentwicklung. Haben Sie zwei oder mehr der Feststellungen in einer Phase oder Stufe mit ja beantworten können, dann ist das ein Zeichen dafür, daß Sie sich in der Phase befinden.

1. Phase: Fragen 1-13

Die Fragen 1 - 13 beziehen sich auf das Stadium des Erleichterungs- oder Problemtrinkens.
Sie greifen zum Alkohol, um damit besser mit Ihren Problemen umgehen zu können. Sie sind also psychisch vom Alkohol abhängig. In dieser Phase sind Sie noch in der Lage, kontrolliert zu trinken.

2. Phase: Fragen 14-24

Die Fragen 14-24 beziehen sich auf ein Stadium, das der Abhängigkeit vorausgeht.
Wenn Sie 2 oder mehr der Fragen mit ja beantworten können, dann ist es 5 Minuten vor 12 Uhr. Sie zeigen schon einige Anzeichen alkoholabhängigen Verhaltens.
Noch besteht aber die Möglichkeit, umzukehren und die unmittelbar bevorstehende körperliche Abhängigkeit abzuwenden.

3. Phase: Fragen 25-64

Die Fragen 25-64 beziehen sich auf die kritische Phase, die mit dem Verlust der Selbstkontrolle beginnt.
Das Denken an den Alkohol und das Trinken von Alkohol nimmt nun einen großen Raum in Ihrem Leben ein. Sie sind jetzt körperlich abhängig und haben nicht mehr die Wahl, ob Sie trinken wollen oder nicht. Sie „müssen" trinken.

4. Phase: Fragen 65-87

Die Fragen 65-87 beziehen sich auf die chronische Phase, die von ausgedehnten Rauschzuständen gekennzeichnet ist.
Sie sind in der letzten Phase der Alkoholabhängigkeit angelangt.

Sind Sie erleichtert, weil es so schlimm doch nicht ist, oder sind Sie erschrocken, weil Sie schon tiefer in der Abhängigkeit stecken, als Sie dachten?

Was Sie tun können, wenn Sie in der 1. oder 2. Phase sind

Auch wenn Sie „nur" gefährdet sind, also keine der Fragen 25-87 mit ja beantworten konnten, sollten Sie das Ergebnis sehr ernst nehmen. Ich weiß, daß man sich in diesem Stadium nur zu leicht etwas vormacht, indem man sich einredet: „Abhängig? So weit kommt es bei mir nicht. Da höre ich vorher auf. Ich kann ja aufhören, wenn ich merke, daß es gefährlich wird".

Sehr oft sind solche Worte ein Selbstbetrug. Wohl jeder Alkoholabhängige hat im Laufe seiner Abhängigkeitsentwicklung ein paar Mal so gedacht und doch hat es nichts genützt. Er hat sich überschätzt und das Risiko der Abhängigkeit unterschätzt. Gehen Sie deshalb nicht leichtfertig über eine Gefährdung hinweg. Die körperliche Abhängigkeit kündigt sich nicht an. Sie klopft nicht eines Tages an Ihre Tür und verkündet Ihnen, daß Sie körperlich abhängig sind, wenn Sie noch einen Tag weitertrinken. Die Entwicklung der körperlichen Abhängigkeit ist ein langsamer und fast unmerklicher Vorgang.

Sind Sie sicher, daß Sie sich nicht überschätzen?

Machen Sie sich auch nichts vor?

Noch haben Sie die Fähigkeit, kontrolliert zu trinken. Wenn Sie lernen, Ihre persönlichen Probleme, wegen derer Sie trinken, zu lösen, dann können Sie die drohende körperliche Abhängigkeit vom Alkohol abwenden. Für Sie ist ganz besonders der Teil II dieses Buches wichtig. In ihm lernen Sie eine Reihe von Möglichkeiten kennen, wie Sie Ihr seelisches Wohlbefinden auch ohne Alkohol verbessern und Ihre Probleme lösen können.

Kann ich noch kontrolliert trinken?

In vielen Untersuchungen ist man der Frage nachgegangen, unter welchen Umständen es Menschen mit Alkoholproblemen noch möglich ist, kontrolliert zu trinken.

Es zeigte sich, daß Problemtrinker in einem frühen Stadium die besten Aussichten haben, das kontrollierte Trinken auf Dauer zu erlernen.

Körperlich abhängige Menschen haben diese Fähigkeit verloren. Sie können ihr Alkoholproblem nur noch dadurch in den Griff bekommen, daß sie auf Dauer abstinent leben.

Wenn Sie für vier Wochen keinen Alkohol trinken können und in dieser Zeit keine Entzugserscheinungen verspüren, dann haben Sie gute Chancen, das kontrollierte Trinken erlernen zu können. In diesem Fall empfehle ich Ihnen, für mindestens 4 Wochen überhaupt keinen Alkohol zu trinken. Dieser Kurzurlaub vom Alkohol hat mehrere Vorteile:

1. Sie brechen Ihre alte Gewohnheit, in bestimmten für Sie unangenehmen Situationen zu trinken.
2. Sie schaffen so die Voraussetzung, mit unangenehmen Situationen auf andere Weise als durch Trinken umgehen zu lernen.
3. Sie können auf diese Weise mit großer Sicherheit feststellen, ob Sie körperlich abhängig sind, vorausgesetzt, Sie nehmen in dieser Zeit keine Beruhigungsmittel.
4. Sie zeigen sich damit, daß Sie keinen Alkohol benötigen, um Ihren Alltag zu meistern.
5. Sie erkennen, in welchen Bereichen und Situationen Sie psychisch vom Alkohol abhängig sind.

Wenn Sie sich dagegen sträuben, für 4 Wochen überhaupt keinen Alkohol zu trinken, dann kann das ein ernstes Anzeichen sein. Es zeigt, daß Sie dann doch schon in stärkerem Maße psychisch und/oder körperlich abhängig sind. In diesem Fall sollten Sie auf jeden Fall fachliche Hilfe in Anspruch nehmen.

Vorbereitung auf Ihren Kurzurlaub vom Alkohol

Ehe Sie mit dem Kurzurlaub beginnen, empfehle ich Ihnen, sich für zwei Wochen genau zu beobachten. Beobachten Sie sich, in welchen Situationen Sie bevorzugt mehr zum Alkohol greifen. Trinken Sie am Feierabend, um sich zu entspannen? Trinken Sie, um besser einschlafen zu können? Trinken Sie vielleicht, um Ängste und Hemmungen abzubauen? Trinken Sie an bestimmten Orten (Kneipe, Partys) mehr Alkohol? Gibt es bestimmte Leute, mit denen Sie gewöhnlich mehr trinken? Gibt es bestimmte Zeiten oder Tage, an denen Sie mehr Alkohol trinken? Gibt es bestimmte Aktivitäten, bei denen Sie mehr trinken? Notieren Sie sich die Orte, an denen Sie übermäßig viel Alkohol trinken, die Personen, mit denen Sie mehr trinken, und wie Sie sich fühlen, wenn Sie mehr trinken.

Diese Liste der Personen, Orte und negativen Gefühle ist sehr wichtig, wenn Sie lernen wollen, Ihr Trinkverhalten besser unter Kontrolle zu bringen.

Ihre fertige Liste zeigt Ihnen, bei welchen Gelegenheiten Sie besonders aufpassen müssen. Für das Erlernen des kontrollierten Trinkens ist es nach Ihrem Kurzurlaub sehr wichtig, daß Sie in diesen Situationen nicht trinken. Suchen Sie vielmehr in diesen für Sie gefährlichen Situationen nach alternativen Wegen, um sich besser zu fühlen. Sie finden hierzu in Teil II dieses Buches eine Menge Anregungen.

Ihre Aufgabe ist es also, in den Situationen keinen Alkohol zu trinken, in denen Sie sich nicht wohlfühlen und den Alkohol nur dazu mißbrauchen wollen, um sich gut zu fühlen. Trinken Sie nur dann Alkohol, wenn es Ihnen gut geht. Trinken Sie nicht, wenn Sie die Wirkung des Alkohols benötigen, um Ihr seelisches oder körperliches Wohlbefinden zu steigern.

Diese Ratschläge zum kontrollierten Trinken sind nur dann von Ihnen zu befolgen, wenn Sie zum Kreis der Problemtrinker gehören, also noch nicht körperlich abhängig sind, und es fertigbringen, auch ohne Beruhigungsmittel für 4 Wochen keinen Alkohol zu trinken. Treffen diese Voraussetzungen auf Sie nicht zu, dann ist das kontrollierte Trinken für Sie nicht geeignet.

Wenn Sie bereit und willens sind, dieses kleine Experiment durchzuführen, dann ist es sehr wichtig, daß Sie sich alternative Wege aneignen, mit Ihren Problemen umzugehen. Um dauerhaft und erfolgreich kontrolliert trinken zu können, ist es notwendig, daß Sie lernen, Ihre Probleme auch ohne Alkohol zu lösen. Nur wenn Sie über diese Fertigkeit verfügen, haben Sie eine gute Chance, das kontrollierte Trinken zu erlernen.

Das übermäßige Trinken von Alkohol ist nur ein Symptom. Es ist ein Anzeichen dafür, daß Sie Probleme haben. Solange diese Probleme weiter bestehen, werden Sie immer wieder versucht sein, zu Ihrem Hausmittel, dem Alkohol zu greifen.

Wie Sie Ihr seelisches Wohlbefinden steigern und sich damit von der psychischen Abhängigkeit vom Alkohol befreien können, darüber möchte ich im Teil 2 dieses Buches sprechen. Sie erfahren dort, wie Sie sich auch ohne Alkohol so fühlen können, wie Sie möchten.

Es kann jedoch sein, daß Ihnen die Anregungen und Hilfestellungen im Teil 2 nicht genügen oder Sie Schwierigkeiten haben, sie auf Ihre Probleme anzuwenden. In diesem Fall empfehle ich Ihnen, sich in Therapie zu begeben. Schauen Sie im Branchenverzeichnis Ihrer Stadt unter der Rubrik „Psychotherapie“ nach. Dort finden Sie eine Reihe ärztlicher und nichtärztlicher Psychotherapeuten, die Ihnen bei der Lösung Ihrer Probleme helfen können.

Was Sie tun können, wenn Sie in der 3. oder 4. Phase sind

Haben Sie festgestellt, daß Sie bereits körperlich abhängig sind? Ist das für Sie ein Grund, erst einmal einen kräftigen Schluck Alkohol zu nehmen, um den Schock zu überwinden? Wenn Sie erkannt haben, daß Sie alkoholabhängig sind, dann haben Sie 2 Möglichkeiten: weiterzutrinken oder etwas dagegen zu tun. Wofür werden Sie sich entscheiden?

Wenn Sie sich dazu entschließen, etwas gegen Ihr Alkoholproblem zu tun, dann empfehle ich Ihnen, sich an eine Drogenberatungsstelle oder eine Gruppe wie die Anonymen Alkoholiker (AA) zu wenden. Dort erhalten Sie von meist ebenfalls Betroffenen Rat und Hilfe. Damit Sie diesen Schritt tun können, müssen Sie jedoch Ihr Leugnen aufgeben. Sie müssen zu Ihrem Alkoholproblem stehen.

Wenn es Ihnen wie den meisten Alkoholgefährdeten und Abhängigen geht, dann neigen Sie dazu, Ihr Problem herunterzuspielen und zu verleugnen. Sie leugnen vor sich und vor allem vor anderen, daß Sie ein Problem haben. Sie streiten beharrlich ab, ein Alkoholproblem zu haben, und belügen damit sich und andere.

Das ist verständlich. Würden Sie nämlich zugeben, daß Sie mit dem Alkohol Probleme haben, dann käme das in Ihren Augen dem Eingeständnis gleich, schwach und hilflos zu sein. Sie würden damit vor anderen und sich zugeben: „Ich habe versagt“. Ich weiß, es fällt schwer, das zuzugeben. Und doch ist dieses Eingeständnis die Voraussetzung dafür, daß Sie erfolgreich gegen den Alkohol ankämpfen können. Sie können einen Feind nicht bekämpfen, wenn Sie leugnen, daß er existiert.

Erst wenn Sie dazu stehen, daß Sie ein Alkoholproblem haben, sind Sie in der Lage, sich mit ihm auseinanderzusetzen. Sie werden solange immer wieder vergebens gegen den Alkohol ankämpfen, wie Sie vor sich und anderen bestreiten, daß Sie ein Alkoholproblem haben.

Trocken zu sein ist nicht alles

Wenn Sie körperlich vom Alkohol abhängig sind, dann kann Ihnen dieses Buch ebenfalls eine wertvolle Hilfe sein. Viele alkoholabhängige Menschen geben mit Hilfe der Anonymen Alkoholiker oder durch eine Kur das Trinken auf. Sie bleiben abstinent und haben so ihre Krankheit im Griff. Sie sind jedoch oft sehr unglückliche Menschen, und jeder Tag ist für sie ein erneuter Kampf gegen den Alkohol. Das kommt daher, weil sie nicht gelernt haben, ihre Probleme nüchtern anzugehen. Sie haben nicht gelernt, wie sie mit ihrem Verlangen nach Alkohol umgehen können und sich so den Kampf erleichtern können.

In Teil 2 und 3 dieses Buches finden Sie ganz konkrete Hinweise, wie Sie Ihre Probleme nüchtern angehen und überwinden können, um so auch ohne Alkohol zufrieden sein zu können.

Erwarten Sie jedoch keine Wunder. Zu lernen, wie man seine Probleme nüchtern angehen kann, ist zwar eine lohnenswerte Aufgabe, aber sie erfordert auch Ihren Einsatz und Ihre Zeit. Sie müssen also etwas dafür tun und hart an sich arbeiten. Dabei spielt es keine Rolle, ob Sie jung oder alt sind, 10 Jahre oder 20 Jahre getrunken haben. Sie können sich ändern, wenn Sie es wollen und etwas dafür tun.

Warum wollen Sie mit dem Trinken aufhören?

Wir Menschen sind denkende Wesen. Erst wenn wir von etwas überzeugt sind, stehen wir auch voll dahinter und setzen uns dafür ein. Deshalb ist es sehr wichtig, daß Sie für sich triftige Gründe haben, warum Sie etwas gegen Ihr Alkoholproblem unternehmen wollen.

Hans, einem 38-jährigen ehemaligen Patienten von mir, gab ich einmal die Aufgabe, mir 10 Gründe zu nennen, warum er mit dem Trinken aufhören wolle. Lesen Sie, welches seine Gründe waren:

Ich will mit dem Trinken aufhören,

1. um nicht meine Familie zu verlieren,
2. um meinen Arbeitsplatz zu behalten,
3. um meine Gesundheit zu erhalten,
4. um geistig nicht zu verblöden,
5. um meinen Kindern kein schlechtes Vorbild zu sein,
6. um nicht so schlecht auszusehen,
7. um im Bett meinen Mann zu stehen,
8. um kein Sozialfall zu werden,
9. um mich wieder bei der Arbeit konzentrieren zu können,
10. um bei anderen nicht als Trinker verschrieen zu sein.

Wenn ich Sie bitten würde, 10 Gründe zu nennen, warum Sie mit dem Trinken aufhören wollen, dann würden Sie vermutlich ziemlich ähnliche Gründe anführen.

Ich muß Ihnen jedoch sagen, daß all diese Gründe keine wahren und guten Gründe sind, um mit dem Trinken aufzuhören.

Warum?

Nun, hat Sie auch nur einer dieser Gründe bisher davon abgehalten, weiterzutrinken? Wenn Sie zum Glas gegriffen haben, dachten Sie dann an Ihre Familie oder Ihre Gesundheit? Wahrscheinlich nicht. Sicherlich haben Sie ein manches Mal daran gedacht, Ihre Familie oder Ihren Arbeitsplatz verlieren zu können. Schließlich haben die andern ja oft genug damit gedroht, nun endlich die Konsequenzen zu ziehen.

All diese Gründe haben Sie aber bisher kein bißchen davon abgehalten, weiterzutrinken. Warum sollten sie Ihnen nun helfen? Und selbst wenn Sie wegen Ihrer Familie oder Ihrem Arbeitsplatz das Trinken aufgeben, was tun Sie dann, wenn Sie Ihren Arbeitsplatz oder Ihre Familie doch verlieren? Greifen Sie dann wieder zum Alkohol?

Wenn Sie wirklich mit dem Trinken aufhören wollen, dann benötigen Sie bessere Gründe.

Letztlich gibt es nicht viele Gründe, sondern nur einen einzigen Grund:

Sie selbst

Nur wenn Sie es für sich und nur für sich alleine tun, können Sie Ihr Alkoholproblem erfolgreich überwinden.

Sicherlich, Ihre Gesundheit und Ihr Äußeres gehören auch zu Ihrer Person. Aber das sind nur Äußerlichkeiten.

Nur wenn Sie sich für sich selbst entscheiden, wenn Sie es um Ihretwillen tun, dann wird es Ihnen gelingen. Nur wenn Sie sich selbst der wichtigste Mensch sind und sich für sich und Ihr Leben entscheiden, dann haben Sie ein festes Fundament, auf dem Sie ein alkoholfreies Leben aufbauen können. Alle anderen Gründe, die Sie anführen mögen, seien sie auch noch so einleuchtend und verständlich, helfen Ihnen nicht wirklich.

Nur wenn Sie erkennen, in welche Abhängigkeit und Unfreiheit Sie sich durch den Alkohol gebracht haben, und sich aus dieser Fessel befreien wollen, dann werden Sie es auch schaffen.

Das mag für Sie alles sehr egoistisch klingen. Aber Sie müssen egoistisch sein, wenn Sie Sieger über Ihr Alkoholproblem werden wollen.

Warum Selbsthilfegruppen so wichtig sind

Es gibt eine Vielzahl von Selbsthilfegruppen, die es sich zur Aufgabe gemacht haben, alkoholabhängigen Menschen mit Rat und Tat zur Seite zu stehen. Die bekanntesten Selbsthilfegruppen sind: die Anonymen Alkoholiker, auch kurz AA genannt. Daneben gibt es noch die Kreuzbund- und Blaukreuzgruppen und verschiedene sogenannte Freundeskreise. Kirchliche und städtische Stellen bieten ebenfalls ihre Hilfe an. Die Anschriften dieser Gruppen können Sie dem örtlichen Telefonbuch entnehmen.

Der regelmäßige Besuch einer solchen Selbsthilfegruppe ist für Sie von unermeßlichem Wert, wenn Sie alkoholabhängig sind. Dort treffen Sie auf Menschen, die das Gleiche durchgemacht haben wie Sie.

Gleichgültig, ob Sie trocken sind, also keinen Alkohol mehr trinken, oder ob Sie noch naß sind, d.h. noch Alkohol trinken, Sie erfahren dort Hilfe und Unterstützung. Sie finden dort Personen aller Gesellschaftsschichten, vom Arbeiter bis hin zum Firmenchef. Sie alle haben nur das eine Ziel: trocken zu bleiben oder trocken zu werden.

In größeren Städten haben sich meist mehrere Gruppen einer Organisation gebildet. Wenn Ihnen eine Gruppe nicht zusagt, dann gehen Sie in eine andere. Jede Gruppe ist hinsichtlich der Personen, die daran teilnehmen, verschieden.

Wichtig und für Ihren Erfolg von entscheidender Bedeutung ist es jedoch, daß Sie sich einer dieser Gruppen anschließen. Machen Sie sich nichts vor. Lange genug haben Sie geglaubt, alleine und ohne fremde Hilfe mit Ihrem Problem fertig zu werden. Sie haben sich immer wieder eingeredet, Ihr Alkoholproblem alleine in den Griff bekommen zu können.

Indem Sie eine solche Gruppe besuchen, geben Sie zu, daß Sie Hilfe benötigen. Das ist der erste Schritt zur Gesundung. Viele Hunderttausende vor Ihnen haben diesen Schritt getan. Sie haben sich dadurch die Tür zu einem neuen Leben aufgestoßen. Auch für Sie ist dieser Weg offen.

Teil II

Wenn Sie nur den Alkohol als Selbsthilfe-Methode kennen, um Ihr seelisches und körperliches Wohlbefinden zu steigern, dann haben Sie bis jetzt in Ihrem Leben nur 2 Alternativen gehabt:

1. Alkohol zu trinken oder
2. keinen Alkohol zu trinken und unzufrieden zu sein.

Die Absicht dieses Teils des Buches ist es, Ihnen alternative Wege aufzuzeigen, wie Sie Ihr seelisches und körperliches Wohlbefinden auch ohne Alkohol steigern können.

In den folgenden Kapiteln lernen Sie viele Selbsthilfe-Methoden kennen. Einige werden für Sie ziemlich ungewohnt sein. Probieren Sie diese dennoch aus. Ich würde diese Methoden nicht anführen, wenn sie sich nicht bei vielen Menschen bewährt hätten.

Sie werden eine völlig neue Art des Umgangs mit Problemen kennenlernen. Lesen Sie die folgenden Kapitel so sorgfältig und genau, wie Sie auch die Anleitung eines Videorekorders lesen würden, den Sie sich gerade gekauft haben. Lassen Sie sich Zeit und probieren Sie Schritt für Schritt eine neue Umgangsweise mit Problemen aus. Reservieren Sie sich täglich eine Stunde, in der Sie sich in aller Ruhe mit diesem Teil des Buches beschäftigen wollen. Lesen Sie einzelne und für Sie wichtige Kapitel mehrmals, bis Sie die Ratschläge und Hilfestellungen kennen und in der Lage sind, sie auf sich anzuwenden.

Denken Sie immer daran: Lernen braucht Zeit. Manches liest sich leicht, wird Ihnen aber vielleicht schwerfallen, es anzuwenden. Haben Sie Geduld mit sich. Schließlich geht es darum, daß Sie sich eine völlig neue Art des Umgangs mit Problemen aneignen.

Kapitel 3
Sie fühlen, wie Sie denken

Es gibt einen Menschen, mit dem Sie mehr Zeit verbringen als mit jedem anderen und der mehr Einfluß auf Sie hat als jeder andere. Dieser immer gegenwärtige Mensch sind Sie selbst.

Sie unterhalten sich ständig mit diesem Menschen, Sie reden ihm gut zu, kritisieren ihn, verbieten oder erlauben ihm gewisse Dinge, usw. Sie führen Selbstgespräche, die einen großen Einfluß darauf haben, wie Sie sich fühlen und verhalten.

Wenn Sie sich bei Entscheidungen, die Sie treffen, genau beobachten, dann werden Sie feststellen, daß Sie in Gedanken mit sich diskutieren. Sie führen ein Selbstgespräch, das so aussehen könnte:

„Was wird er von mir denken, wenn ich ihm sage, daß ich keine Lust habe, mit ihm auszugehen? Bestimmt ist er sauer auf mich. Aber ich habe einfach keine Lust, heute Abend wegzugehen. Na ja, er wird sich auch wieder abregen."

Alle Menschen führen Tag für Tag Selbstgespräche dieser Art. Manchmal laufen diese so schnell ab, daß sie uns gar nicht bewußt sind.

Was die wenigsten Menschen wissen, ist, daß unsere Selbstgespräche, unser Denken also, unser Fühlen und Handeln steuert. Ja, Sie haben richtig gelesen. Ihre Gedanken bestimmen darüber, ob Sie ängstlich oder ärgerlich, depressiv oder froh sind. Die Art Ihrer Gedanken bestimmt auch, ob und wann Sie trinken, was Sie tun und wie Sie es tun.

Schon vor 2000 Jahren wußten die Philosophen: „Es sind nicht die Dinge, die uns beunruhigen, sondern unsere Sicht der Dinge.“ Diese einfache Tatsache verleiht Ihnen eine ungeheure Macht über Ihr Leben.

Schauen wir uns ein Beispiel an.

Wenn ich zu Ihnen sage: „Ihr Denken bestimmt Ihre Gefühle und Ihr Handeln“. Wie denken Sie darüber?

Vielleicht denken Sie: „So ein Blödsinn. Wie kann man nur so einen Unsinn behaupten. Wenn der so einen Mist erzählt, dann kann das ganze Buch nichts taugen“.

Wie meinen Sie, fühlen Sie sich, wenn Sie so über meine Worte denken? Sie sind verärgert. Und was werden Sie tun? Sie werden das Buch beiseite legen und nicht mehr hineinschauen. Denn was für einen Sinn soll es haben, sich weiter mit so einem Blödsinn zu beschäftigen?

Umgekehrt könnten Sie aber auch denken: „Hmm, das klingt interessant. Von der Seite habe ich das noch gar nicht betrachtet. Ich bin mal gespannt, worauf der damit hinaus will“.

Wenn Sie so denken, wie werden Sie sich dann wohl fühlen und verhalten? Sie werden sich gut fühlen und interessiert weiterlesen.

Wenn Ihre Selbstgespräche negativ sind, dann vergiften Sie damit Ihr Leben. Sie können Ihren Selbstgesprächen weder durch Alkohol noch durch Drogen entrinnen. Wohin Sie auch gehen, Ihre Selbstgespräche begleiten Sie.

Schauen wir uns noch ein Beispiel an.

Nehmen wir an, Ihr Chef kommt zu Ihnen und sagt: „Sie haben schon wieder Mist gemacht. Passen Sie doch besser auf. Wo sind Sie nur mit Ihren Gedanken?“

Auf diese Worte und das Verhalten Ihres Chefs können Sie ganz verschieden reagieren. Sie können ärgerlich oder deprimiert reagieren. Sie können ängstlich sein oder einfach auch nur ruhig bleiben. Wie Sie reagieren, hängt davon ab, wie Sie über die Worte des Chefs denken.

Sie könnten denken: „So ein blöder Hund. Ewig hackt er

auf mir herum. Die andern sind nie schuld. Immer bekomme ich alles ab. Ich halte das nicht mehr aus. Jetzt brauch' ich erst einmal einen kräftigen Schluck".

Bei solchen Gedanken würden Sie ärgerlich reagieren und Sie würden zur Flasche greifen.

Sie könnten aber auch denken: „Der ist wohl wieder mal mit dem linken Bein aufgestanden. Bestimmt hat ihn seine Alte wieder geärgert und jetzt läßt er seine Wut an mir aus. Na ja, er wird sich auch wieder abregen".

Wenn Sie so über die Worte des Chefs denken würden, dann würden Sie ruhig bleiben und die ganze Angelegenheit würde Sie ziemlich kalt lassen.

Sie könnten aber auch denken: „Warum muß immer mir so ein dummer Fehler unterlaufen? Immer mache ich alles falsch. Ich bin ein Idiot. Ich werden es nie zu etwas bringen". Ein solches Selbstgespräch würde Sie ganz schön deprimiert machen und Sie wären ziemlich verzweifelt.

Auch an diesem Beispiel können Sie sehen, daß unterschiedliche Selbstgespräche zu unterschiedlichen Gefühlen und zu unterschiedlichem Verhalten führen.

„Also wenn mein Chef so mit mir reden würde, dann könnte ich nicht ruhig bleiben. Da wäre ich ganz schön sauer."

Was Sie mit diesen Worten ausdrücken wollen, ist, daß Sie es gewohnt sind, in einer solchen Situation ärgerlich zu reagieren. Der Ärger, den Sie verspüren, und Ihre ärgerlichen Gedanken kommen ganz automatisch und ohne, daß Sie darauf einen Einfluß zu haben scheinen. Wenn Ihnen daran liegt, in einer solchen Situation anders zu reagieren, dann können Sie das lernen. Sie sind keine Marionette. Sie haben die Fähigkeit, Ihre inneren Selbstgespräche zu ändern.

Wenn Sie andere für Ihre Gefühle verantwortlich machen und denen die Schuld geben, wenn Sie sich schlecht fühlen, dann machen Sie sich von diesen abhängig. Das hat zur Folge, daß Sie darauf warten müssen, bis sich der andere ändert, damit Sie sich besser fühlen können. Ändert er sich nicht, dann sind Sie enttäuscht. Sie fühlen sich hilflos und haben keine Hoffnung, daß es Ihnen besser gehen wird. Schließlich nehmen Sie es dem anderen übel und sind schlecht auf ihn zu sprechen. Bisher haben Sie wahrscheinlich die Bedeutung äußerer Ereignisse überbewertet. Sie dachten, für Ihre Probleme seien andere oder die Umstände verantwortlich. „Wenn ich doch nur eine andere Arbeit hätte, dann ...". „Wenn ich doch nur einen anderen Partner hätte oder sich mein Partner ändern würde, dann ...". „Wenn ich mehr Geld hätte, dann ...". Sie dachten, Ihre Zufriedenheit und Ihr Glück würde von anderen oder den Umständen abhängen. Sie dachten, daß sich erst die anderen oder die Umstände ändern müßten, ehe Sie zufrieden sein könnten. Deshalb haben Sie auch nach äußeren Mitteln wie dem Alkohol gegriffen, um Ihr seelisches Wohlbefinden zu steigern.

Wenn Sie von anderen Menschen oder Alkohol gefühlsmäßig unabhängig sein möchten, dann müssen Sie akzeptieren, daß Sie der Schöpfer Ihrer negativen und positiven Gefühle sind. Sie können sich dafür entscheiden, sich gut zu fühlen, auch wenn etwas nicht nach Ihren Vorstellungen verläuft.

Schon das Wissen, die Entscheidung darüber zu haben, wie man sich fühlt, ist ein großer Schritt nach vorne.

Wenn Sie sich das nächste Mal schlecht fühlen, dann sagen Sie folgenden Satz laut zu sich: „Ich weigere mich, mich schlecht zu fühlen. Ich entscheide mich dafür, mich nicht von anderen abhängig zu machen".

Alleine dadurch, daß Sie sich bewußt vor Augen führen, daß es Ihre Entscheidung ist, ob Sie sich gut oder schlecht fühlen, kann Ihnen helfen, sich besser zu fühlen.

Automatische Gedanken und was sie bewirken

Oftmals werden Sie sich in einer Situation plötzlich sehr unwohl fühlen. Ihr Unwohlsein kommt so blitzschnell und automatisch, daß Sie nichts dagegen tun können. Es scheint, als wären in solchen Momenten bei Ihnen keine Selbstgespräche abgelaufen. Dafür, so scheint es, war einfach keine Zeit. Und dennoch. Auch hier gingen Ihnen Gedanken durch den Kopf. Diese Gedanken kamen und gingen jedoch so schnell, daß Sie diese nicht bemerkt haben. Ich bezeichne solche Gedanken als automatische Gedanken.

Wenn Sie Autofahrer sind, dann haben Sie mit solch automatischen Gedanken schon Bekanntschaft geschlossen. Als routinierter Fahrer verschwenden Sie heute keinen Gedanken mehr an das Autofahren. Sie steigen einfach in Ihr Auto und fahren los.

Das war nicht immer so. Denken Sie nur einmal an Ihre ersten Fahrstunden zurück. Damals mußten Sie mit Ihren Gedanken voll beim Autofahren sein. Sie führten Selbstgespräche darüber, was Sie tun müssen, um korrekt autozufahren. Sie sagten sich z.B.: „Jetzt muß ich kuppeln, jetzt den Gang einlegen, jetzt den Blinker setzen", usw. Ohne sich diese Anweisungen bewußt zu geben, wären Sie nicht in der Lage gewesen, autofahren zu lernen.

Heute geben Sie sich diese Anweisungen auch noch. Da Sie diese Selbstgespräche jedoch so oft mit sich geführt haben, haben Sie darin eine Gewohnheit entwickelt. Sie haben die Gewohnheit entwickelt, so zu denken, und nun laufen diese Gedanken ganz automatisch und ohne Ihr Zutun ab. Deshalb nenne ich solche Gedanken automatische Gedanken.

Solche automatischen Gedanken sind auch im Spiel, wenn Sie scheinbar ohne Grund deprimiert sind, sich ärgern oder plötzlich Angst verspüren.

Wenn Sie es gewohnt sind, Ihren Ärger mit Alkohol hinunterzuspülen, dann werden Sie bei jedem Ärger ein Verlangen nach Alkohol verspüren. Dieses Verlangen haben Sie sich antrainiert, indem Sie in der Vergangenheit bei aufkommendem Ärger immer wieder gedacht haben: „Jetzt brauch ich etwas zu trinken". Dieses Selbstgespräch mag Ihnen heute gar nicht mehr bewußt sein. Sie verspüren lediglich den Drang, etwas zu trinken.

„Wie kann ich wissen, was ich mir sage, wenn meine Gedanken automatisch und unbewußt ablaufen?"

Eine gute Frage. Ihre automatisch ablaufenden Gedanken können Sie sich mit etwas Übung wieder bewußt machen, indem Sie sich fragen: „Was habe ich mir gerade gesagt, um mich so ärgerlich zu machen?" Sie könnten sich auch fragen: „Was für negative Gedanken habe ich mir wohl gemacht, um mich so schlecht zu fühlen?"

Je mehr Aufmerksamkeit Sie Ihrem Denken schenken und sich darum bemühen, sich Ihre automatischen Gedanken bewußtzumachen, umso besser wird es Ihnen gelingen. Es ist lediglich eine Frage der Übung und der Zeit, bis Sie sich Ihr altes verschüttetes Denkprogramm wieder bewußt gemacht haben.

Selbstgespräche und woher sie kommen

Der Schlüssel zu einem befriedigenden und erfüllten Leben liegt in Ihrem Denken.

Negative Gedanken führen zu negativen Gefühlen, Verhaltensweisen und Erfahrungen. Positive Gedanken führen zu positiven Gefühlen, Verhaltensweisen und Erfahrungen.

Wenn Sie der Überzeugung sind: „Ich tauge nichts. Niemand mag mich", dann müssen Sie sich schlecht fühlen und Ihre Erfahrungen mit anderen Menschen werden überwiegend negativ sein.

Die Art und Weise, wie Sie von sich und anderen denken, haben Sie gelernt. Sie sind nicht als negativ denkender Mensch auf die Welt gekommen. Optimisten werden nicht geboren.

Wir alle haben von unseren Eltern und Erziehern gelernt, eher positiv oder negativ zu denken. Wir haben gelernt, daß wir nicht gut genug sind, daß Jungen nicht weinen und Mädchen sich nicht raufen, daß es wichtiger ist, was andere von uns denken, als was wir von uns denken, usw.

Wenn Sie bei Menschen aufgewachsen sind, die selbst sehr unglücklich oder ängstlich waren, dann haben Sie von ihnen eine Menge negativer Dinge über sich gelernt.

Wenn Ihre Eltern oder andere für Sie wichtige Bezugspersonen kritisch und unnachgiebig waren, dann haben Sie diese Eigenschaften sehr wahrscheinlich auch. Wenn Ihre Eltern perfektionistische und hohe Anforderungen an Sie gestellt haben, dann stellen Sie heute wahrscheinlich auch solche Anforderungen an sich.

Durch Ihre Erfahrungen mit den Eltern haben Sie vielleicht auch gelernt, daß Sie nur unter bestimmten Bedingungen ein netter und liebenswerter Mensch sind, wenn Sie z.B. tun, was man von Ihnen erwartet. Sie haben gelernt, nur unter bestimmten Voraussetzungen sich anzunehmen und gut von sich zu denken.

Meist behandeln wir uns selbst und andere auf die gleiche Weise, wie unsere Eltern uns behandelt haben. Wir bestrafen und verurteilen uns selbst auf die gleiche Weise, wie unsere Eltern uns bestraft haben.

„Also sind unsere Eltern an allem schuld?“

Nein. Unsere Eltern sind auch nur die Opfer von Opfern. Auch sie haben von ihren Eltern gelernt, sich selbst und andere eher negativ zu sehen. Wenn Ihre Mutter als kleines Mädchen nicht gelernt hatte, sich selbst zu mögen, dann konnte sie Ihnen auch nicht zeigen, wie Sie sich akzeptieren und mögen können.

Unsere Eltern haben ihr Bestes gegeben. Sie konnten auch nur das an uns weitergeben, was sie besaßen. Deshalb sind unsere Eltern nicht für das zu tadeln, was sie uns mitgegeben oder nicht mitgegeben haben.

Wir alle können heute als Erwachsene unser Denken und damit unser Fühlen und Handeln verändern. Der negative Einfluß unserer Vergangenheit lebt nur noch in unserem Denken in Form von Einstellungen und Überzeugungen weiter. Diese können wir jedoch ändern und damit auch unser Leben.

Wir können unsere Gedanken verändern. Wir können uns weigern, bestimmte Gedanken immer wieder zu denken. Wir können uns weigern, uns selbst zu verurteilen und abzulehnen. Wir alle besitzen die Freiheit und Fähigkeit, uns dafür zu entscheiden, wie wir von uns und anderen denken.

Sie können Ihr Leben ändern,
wenn Sie Ihre Einstellungen ändern.

Kapitel 4
Wie Sie Ihr Denken ändern können

Aus dem vorangegangenen Kapitel wissen Sie, daß es Ihre Selbstgespräche sind, die Ihr Fühlen und Handeln steuern. Vielleicht sind Sie sich dieser Selbstgespräche schon lange bewußt, aber wußten nicht, wie Sie diese ändern sollten. Sie haben zum Alkohol gegriffen, um abzuschalten, waren sehr aktiv, um nicht auf „dumme Gedanken" zu kommen, oder haben bestimmte Menschen und Aktivitäten gemieden.

Es gibt jedoch einen sehr viel besseren und hilfreicheren Weg. Dieser Weg besteht darin, Ihre alten, aus der Kindheit herrührenden negativen und selbstschädigenden Selbstgespräche durch eher hilfreiche Gedanken zu ersetzen.

Wenn Sie negative Gefühle wie Ärger, Angst und Einsamkeit aus Ihrem Leben verbannen und durch positive Gefühle ersetzen wollen, dann müssen Sie lernen, Ihr negatives Denken zu ändern.

Wie können Sie das tun? Nun, zunächst einmal müssen Sie wissen, woran Sie negative Gedanken erkennen können. Das ist gar nicht so schwierig, wie Sie gleich sehen werden. Negative Gedanken haben nämlich ganz bestimmte Merkmale, anhand derer wir sie entlarven können.

Merkmale negativen Denkens

1. Alles-oder-Nichts-Denken

Entweder ist etwas für Sie ein totaler Sieg oder eine totale Niederlage. Sie denken nur in Extremen. Beispiele hierfür sind: „Ich bin ein Versager“, „Ich bin eine miserable Mutter“, „Das Essen, das ich gekocht habe, ist völlig ungenießbar“, „Alles mache ich falsch“.

Etwas ist also nur gut oder nur schlecht, nur schön oder nur häßlich, nur wertvoll oder nur wertlos, nur schwarz oder weiß.

2. Übertriebene Verallgemeinerung

Sie machen einen Fehler und denken, daß Sie immer alles falsch machen. Eine Frau gibt Ihnen einen Korb und Sie denken: „*Keine* Frau will mit mir etwas zu tun haben“. Sie fallen durch die Prüfung und denken: „Ich werde *immer* versagen“.

Sie handeln also nach dem Motto: Einmal versagt heißt immer zu versagen. Einmal abgelehnt werden heißt immer abgelehnt zu werden. Einmal einen Fehler machen heißt immer einen Fehler zu machen.

3. Eingeengte Wahrnehmung

Sie richten Ihr Augenmerk auf ein negatives Detail und lassen alles andere außer acht. Dadurch erscheint Ihnen das Ganze negativ.

Sie sehen immer wieder Ihre „große und häßliche“ Nase an und lassen Ihren Mund, Ihre Augen, usw. außer acht. Bald erscheint Ihnen alles an sich schlecht.

Sie sehen das Negative einer Sache wie durch ein Vergrößerungsglas. Dadurch erscheint Ihnen alles andere Positive klein und unbedeutend.

4. Das Positive außer acht lassen

Entweder Sie halten das, was Sie gut machen, für selbstverständlich oder normal oder verschließen davor die Augen. „Das ist doch nichts Besonderes. Andere tun das doch auch“. Mit solchen Worten rechtfertigen sich manche meiner Patienten, wenn ich ihnen das eine oder andere Positive sage.

5. Gedankenlesen

Sie betätigen sich bei anderen Menschen als Hellseher und tun so, als wüßten Sie, was andere von Ihnen denken oder was diese tun werden.

„Bestimmt wird sie mir einen Korb geben, wenn ich sie frage, ob sie mit mir tanzt". „Wozu überhaupt fragen. Er wird mir ja doch nicht sein Auto leihen". „Bestimmt hält er mich für einen Trottel".

Dadurch, daß Sie glauben, in anderer Leute Kopf Gedanken lesen zu können, lähmen Sie sich in Ihrem Handeln. Sie lassen sich dadurch abhalten, das zu tun, was Sie tun möchten.

6. In die Zukunft schauen

Sie tun so, als könnten Sie vorhersehen, was morgen, in einem Monat oder in einem Jahr passieren wird.

„Bestimmt schaffe ich die Prüfung nicht". „Sicherlich wird sie nicht zu mir zurückkehren". „Bestimmt werde ich nicht befördert".

7. Übertrieben negatives Denken

Sie machen aus einer Fliege einen Elefanten, d.h. übertreiben in Gedanken das Negative einer Sache.

„Ich kann ohne sie nicht leben". „Ich halte das nicht mehr aus". „Bestimmt wird mich mein Chef entlassen, wenn er den Fehler entdeckt". „Das ist eine Katastrophe".

8. Selbstkritik

Sie werfen sich Dinge an den Kopf, die Sie nicht einmal Ihrem schlimmsten Feind sagen würden.

Sie schimpfen sich einen Versager, Idioten, Trottel, Schlappschwanz. Sie halten sich für minderwertig, dumm, wertlos, überflüssig, nutzlos, usw.

9. Sich für alles verantwortlich fühlen

Sie suchen immer zuerst bei sich die Schuld. Sie machen sich für alles, was schief läuft, verantwortlich und tadeln sich dafür.

„Ich hätte das vorhersehen müssen. Es ist meine Schuld". Wenn es Ihren Kindern schlecht geht oder diese eine Dummheit machen, dann ist das Ihre Schuld. Sie haben sie falsch erzogen, entweder zu nachgiebig oder zu streng. Wenn Ihr Partner verärgert ist, dann ist das Ihre Schuld. Sie hätten nicht so egoistisch sein sollen und mit der Freundin ins Kino gehen dürfen.

Diese 9 Arten negativen Denkens sind die häufigsten Ursachen negativer Gefühle und Verhaltensweisen.

„Wieso bin ich denn nicht selbst darauf gekommen?
Irgendwie bin ich doch blöd, daß ich die ganzen Jahre
so falsch gedacht habe."

Nein, Sie sind nicht blöd. Sie haben lediglich wie die vielen Millionen anderer Menschen nicht gewußt, was Sie mit solch negativen Gedanken bei sich anrichten.

Sie waren bisher fest davon überzeugt, daß Sie mit dem, was Sie denken, vollkommen recht haben. Sie wußten nicht, welch schädlichen Einfluß Gedanken dieser Art auf Ihr Fühlen und Handeln haben.

Sie kamen gar nicht auf die Idee, daß Sie übertrieben haben, wenn Sie sich sagten: „Immer mache ich alles falsch". In diesem Moment waren Sie davon überzeugt: „So ist es".

Wenn Sie Ihr Denken und damit Ihre Gefühle verändern möchten, ist es deshalb wichtig, daß Sie von nun an etwas selbstkritischer werden. Sie müssen beginnen, Ihr Denken auf seine Richtigkeit hin zu überprüfen. Wie ein Anwalt müssen Sie Ihre Gedanken in Frage stellen und schauen, ob Sie die

Wahrheit sagen oder sich belügen. Dann müssen Sie Ihre negativen Gedanken durch positive und realistische Gedanken ersetzen.

Wie Sie vorgehen können

Beginnen Sie als erstes damit, mehr auf Ihre Selbstgespräche zu achten. Achten Sie darauf, welche Gedanken Ihnen so durch den Kopf gehen. Fragen Sie sich: „Was sage ich mir gerade?" „Welche Gedanken gehen mir durch den Kopf?"

Schreiben Sie diese Gedanken auf. Legen Sie sich am besten ein Arbeitsheft an, in dem Sie alles notieren.

Machen Sie sich die Mühe, Ihre Gedanken anhand des nachfolgenden Schemas schriftlich zu überprüfen.

Es ist sehr wichtig, daß Sie Ihre Gedanken zu Papier bringen. Nur so können Sie sich mit ihnen wirklich sinnvoll auseinandersetzen.

Machen Sie es sich zur Gewohnheit, jeden Tag mindestens 2 Situationen und die bei Ihnen darin ablaufenden Gedanken zu notieren. Je mehr Sie üben, umso besser werden Sie darin und umso schneller machen Sie Fortschritte.

Wenn Sie sich ängstigen oder deprimiert sind, dann schreiben Sie alle Gedanken auf, die Ihnen durch den Kopf gehen. Machen Sie eine möglichst vollständige Liste aller Gedanken. Sehr hilfreich ist es, wenn Sie dabei folgendes Schema benutzen.

Schema zum Entlarven negativer Gedanken

Meine Gedanken	Was ist daran negativ?	Hilfreiche Alternative
Schreiben Sie hier auf, welche Gedanken Ihnen durch den Kopf gehen:	Notieren Sie hier, was mit Ihren Gedanken nicht stimmt:	Schreiben Sie hier eine eher realistische oder positive Denkweise auf:

Machen Sie das gleich jetzt einmal. Denken Sie an eine Situation zurück, in der Sie sich vor kurzem sehr schlecht gefühlt haben. Notieren Sie in der linken Spalte all die Gedanken, die Ihnen in dieser Situation durch den Kopf gegangen sind.

Haben Sie es getan? Gut.

Nun nehmen Sie sich den ersten Gedanken vor und überprüfen ihn anhand der Merkmale negativen Denkens.

Schreiben Sie nun in die 2. Spalte, was mit diesem Gedanken nicht stimmt. Un nun formulieren Sie eine hilfreiche und eher realistische Alternative zu Ihrem negativen Gedanken und schreiben diese in die 3. Spalte. Auf diese Art und Weise überprüfen Sie jeden einzelnen Gedanken, den Sie aufgeführt haben.

Schauen wir uns ein kleines Beispiel an.

Bernd, einer meiner Patienten, der zu depressiven Verstimmungen neigte, brachte in eine Sitzung folgendes Beispiel mit:

Meine Gedanken	Was ist daran negativ?	Hilfreiche Alternative
Immer mache ich alles falsch.	Alles-oder-Nichts-Denken, übertriebene Verallgemeinerung	Manchmal mache ich einen Fehler. Aber das heißt nicht, daß ich *immer alles* falsch mache.
Ich werde es nie zu etwas bringen.	Übertriebene Verallgemeinerung, Alles-oder-Nichts-Denken, in die Zukunft schauen	Nur weil ich einen Fehler gemacht habe, heißt das nicht, daß ich es nie zu etwas bringen werde. Ich kann aus meinen Fehlern lernen und es das nächste Mal besser machen.
Bestimmt werden jetzt alle auf mich herabschauen.	Gedankenlesen, in die Zukunft schauen	Ich weiß nicht, wie die anderen von mir denken. Es mag sein, daß einige mich verurteilen, aber bestimmt nicht alle. Wichtig ist nur, daß ich mir meine Fehler verzeihe.
Ich bin und bleibe ein Versager.	Selbstkritik, in die Zukunft schauen	Das Schlimmste, das ich von mir sagen kann, ist, daß ich ein fehlerhafter Mensch bin.

Nachdem Bernd seine Gedanken auf diese Weise untersucht und als negativ entlarvt hatte, wußte er, warum er so depressiv und verängstigt war. Kein Wunder. Jeder Mensch, der so negativ von sich, seinen Mitmenschen und seiner Zukunft denkt, muß sich auch so schlecht fühlen wie Bernd. Durch diese kleine Übung hat Bernd erkannt, wie negativ sein Denken war, und er sah auch, wo er ansetzen mußte, um sich besser zu fühlen.

Ein anderer, sehr einfacher Weg, Ihre negativen und selbstschädigenden Gedanken zu entlarven, ist, daß Sie sich die Frage stellen: „Hilft mir dieser Gedanke, mich so zu fühlen, wie ich möchte?"

Bernd sagte sich: „Ich bin und bleibe ein Versager". Hilft ihm dieser Gedanke? Wohl kaum. Wenn er so denkt, dann ist er deprimiert und verzweifelt. Ein solcher Gedanke schadet nur.

Stellen Sie sich im Alltag, wenn Sie gerade nichts zu schreiben parat haben, diese kleine sehr wirkungsvolle Frage: „Hilft mir der Gedanke, mich so zu fühlen, wie ich möchte?" Ist die Antwort nein, dann setzen Sie Ihrem negativen Gedanken einen eher hilfreichen entgegen.

Viele Menschen haben Schwierigkeiten, eine realistische oder hilfreiche Alternative zu ihren negativen Gedanken zu formulieren. Es fällt ihnen beim besten Willen nichts ein, was sie sich stattdessen sagen können.

Ein Weg zu einer positiven oder hilfreichen Alternative ist die „Guter-Freund"-Methode. Überlegen Sie, was Sie einem guten Freund sagen würden, der sich in der gleichen Lage wie Sie befindet. Welche hilfreichen und unterstützenden Worte würden Sie ihm sagen? Welchen Rat würden Sie ihm geben? Sagen Sie sich selbst diese Worte, geben sich selbst diesen Ratschlag. Sagen Sie sich selbst die aufmunternden und unterstützenden Worte, die Sie auch einem Freund sagen würden.

Wenn Sie sich besser fühlen wollen, dann müssen Sie die in diesem Kapitel beschriebenen Hilfestellungen immer wieder anwenden. Es genügt nicht, daß Sie ein paar Mal Ihre Gedanken analysieren und dann erwarten, daß Sie bereits die Art Ihres Denkens grundlegend geändert haben. Negative Denkgewohnheiten können sehr hartnäckig sein. Sie lassen sich nur ändern, wenn man ebenso hartnäckig daran arbeitet, sie auszumerzen.

Überlegen Sie einmal, wie häufig Sie sich in der Vergangenheit negative Gedanken gemacht haben, wie häufig Sie geübt haben, sich zu verurteilen, wie häufig Sie alles schwarz gesehen haben, wie häufig Sie in den Köpfen der anderen zu lesen versucht haben. Sie sind darin ein richtiger Experte geworden. Sie haben darin so viel Übung, daß Sie das mit links machen. Sie haben Ihr Gehirn darauf programmiert, so zu reagieren. Nun müssen Sie es wieder umerziehen. Sie müssen ihm beibringen, daß es in bestimmten Situationen anders reagieren soll. Das braucht ebenfalls wieder Zeit und Übung. Sie werden viele Male Ihr altes Programm stoppen und durch ein neues ersetzen müssen.

Eine Gewohnheit wie das negative Denken löscht man nicht von einem Tag auf den anderen. Haben Sie also Geduld mit sich und arbeiten Sie Tag für Tag daran, Ihr Denken von negativen und selbstschädigenden Gedanken zu säubern. Das wird Ihnen mal besser, mal schlechter gelingen. Das ist völlig normal und geht allen Menschen so. Lassen Sie sich also nicht entmutigen, wenn Ihre negativen Gedanken in den ersten Wochen und Monaten wiederkehren. Auch das ist völlig normal und kein Grund, an sich oder der Methode zu zweifeln.

Im nächsten Kapitel erfahren Sie, welche irritierenden und verwirrenden Erfahrungen Sie machen werden, wenn Sie Ihre negativen Denkgewohnheiten ändern. Ein wichtiges Kapitel für Ihren Veränderungsprozeß.

Kapitel 5
Wie Sie Gewohnheiten erfolgreich ablegen

In den vorangegangenen Kapiteln haben Sie erfahren, welch großen Einfluß Ihr Denken auf Ihr Fühlen und Handeln hat. Sie wissen, daß negative Gedanken zu negativen Gefühlen und positive Gedanken zu positiven Gefühlen führen. Sie wissen auch, welches die Merkmale negativer Gedanken sind und wie Sie diese in eher hilfreiche oder realistische Gedanken umformulieren können.

Wie ich Ihnen bereits sagte, ist es jedoch keine leichte Aufgabe, seine Denkgewohnheiten zu ändern. Sie kennen sicherlich das Sprichwort: „Es sagt sich leicht, was schwer sich tut".

Leicht ist immer das, was man kennt und gewohnt ist, zu tun. Schwer ist immer das, was man nicht kennt und nicht gewohnt ist.

Sie sind es nicht gewohnt, auf Ihr Denken zu achten und es daraufhin zu überprüfen, ob es realistisch oder negativ ist. Sie sind es vielmehr gewohnt, so zu denken, wie Sie denken, und das ist, wie bei vielen Menschen, eben eher negativ.

Deshalb ist es nicht verwunderlich, wenn es Ihnen Mühe bereitet, sich in Ihrem Denken umzustellen. Die Änderung von Denkgewohnheiten erfordert Zeit und Anstrengung, wie alles im Leben, was es wert ist, zu erreichen.

Im Grunde genommen müssen Sie sich umerziehen. Ich weiß, das ist ein scheußliches Wort, aber es trifft den Nagel auf den Kopf. Sie müssen sich dazu erziehen, Ihr altes negatives Denken durch ein eher realistisches oder positives Denken zu ersetzen. Bei dieser Umerziehung durchlaufen Sie fünf Stufen. Diese sind:

1. Verstandesmäßige Einsicht

Darunter verstehe ich, daß Sie wissen, wie Sie negative Gedanken erkennen und so umformulieren können, daß sie Ihnen nicht mehr schaden.
Hier geht es nur um die Einsicht: „So, wie ich die ganze Zeit gedacht habe, habe ich mir nur geschadet".

Die zweite Stufe besteht nun darin, dieses Wissen umzusetzen und auf Ihr Denken anzuwenden. Das heißt, Sie müssen üben.

2. Übung

In dieser Stufe geht es darum, die einmal erkannten Denkfehler systematisch und bewußt auszumerzen. Konkret heißt das: Jedes Mal, wenn Sie sich schlecht fühlen, schauen Sie nach, durch welche negativen Gedanken Sie sich diese negativen Gefühle machen. Dann formulieren Sie Ihre negativen Gedanken in eher realistische oder positive Gedanken um und sagen sich dann Ihre neue und hilfreiche Alternative.
Wenn Sie das tun, dann werden Sie eine verwirrende Erfahrung machen. Es kommt Ihnen künstlich und unnatürlich vor, sich einzureden, Sie seien beispielsweise kein Versager, wo Sie sich doch so fühlen. Damit sind Sie bei der dritten Stufe angelangt.

3. Verstand-Gefühl Konflikt

Vom Verstand her wissen Sie, daß Sie falsch oder negativ denken, aber Ihr Gefühl scheint Ihnen das Gegenteil zu sagen: „Mach dir nichts vor. Du bist ein Versager".
Es kommt Ihnen fremd, unnatürlich und künstlich vor, sich einzureden, kein Versager zu sein, wo Sie sich doch so fühlen, als ob Sie ein Versager sind.

In dieser Stufe straucheln viele Menschen. Sie kehren zu ihren negativen Gedanken zurück, weil sie ihrem Gefühl mehr Glauben schenken als ihrem Verstand. Sie denken,

daß sie sich etwas vormachen oder belügen würden, wenn sie ihrem Gefühl zuwider handeln.
Die Erklärung für diesen Konflikt ist einfach. Über viele Jahre oder gar Jahrzehnte hinweg haben Sie negativ gedacht. Sie haben sehr viel Übung auf dem Gebiet des negativen Denkens und Fühlens und sind so etwas wie ein Experte darin. Ja, Sie kennen es gar nicht anders von sich, als so zu denken. In bestimmten Situationen reagieren Sie gedanklich und gefühlsmäßig ganz automatisch.

Es ist relativ einfach, sich von jetzt auf nachher gedanklich umzustellen, aber unsere Gefühle hinken hinterher. Sie sind sozusagen etwas träge und lassen sich nicht wie unsere Gedanken so schnell verändern. Wenn Sie jedoch fortfahren, sich realistische oder positive Gedanken zu machen, und nicht auf Ihr Gefühl achten, daß Sie sich etwas vormachen, dann kommt der Zeitpunkt, an dem Sie sich auch so fühlen, wie Sie denken. Das Gefühl, sich etwas vorzumachen oder einzureden, ist verschwunden und Sie fühlen sich so, wie Sie sich fühlen möchten. Dann sind Sie in der vierten Stufe angelangt.

4. Gefühlsmäßige Einsicht

Hier stimmen Gedanken und Gefühle wieder überein. Ihre alten negativen Gefühle und das Gefühl, sich etwas vorzumachen, sind verschwunden und Sie fühlen sich wohl.
Ganz automatisch und ohne Ihr Zutun geht das jedoch noch nicht. Noch immer müssen Sie sich ganz bewußt Ihre hilfreichen und alternativen Gedanken sagen, wenn Sie sich dabei ertappen, negativ zu denken.
Nun haben Sie das Schwierigste hinter sich. Es ist dann nur noch eine Frage der Zeit, bis Sie darin soviel Übung haben, daß sie eines Tages ganz automatisch so realistisch und positiv denken, wie Sie möchten. Sie haben eine Gewohnheit entwickelt und der Umerziehungsprozeß ist abgeschlossen. Sie sind nun in der fünften Stufe.

5. Gewohnheitsmäßiges Denken

Ohne Ihr bewußtes Zutun sind Sie nun in der Lage, in bestimmten Situationen so zu denken und zu fühlen, wie Sie möchten. Nun können Sie aufatmen. Sie haben es geschafft! Ebenso, wie Sie früher automatisch bei bestimmten Gelegenheiten negativ gedacht und gefühlt haben, denken Sie nun automatisch eher positiv und fühlen sich dementsprechend gut.

Freilich, kein leichter Weg bis dahin. Es erfordert Geduld und etwas Ausdauer, in diese fünfte und letzte Stufe zu kommen. Aber das ist immer so, wenn man aus fest eingefahrenen Gleisen herausgehen will.

Neulich habe ich in meiner Praxis die Akten meiner Patienten an einen anderen Platz gestellt. Was meinen Sie, passierte mir die ersten Tage?

Die ersten Male ging ich treu und brav, wie ich es gewohnt war, an die alte Stelle, an der ich meine Akten für einige Jahre aufbewahrt hatte. Ganz automatisch suchte ich sie dort, wo ich sie jahrelang geholt hatte. Erst als ich vor dem leeren Platz stand, fiel mir ein: „Du hast die Akten ja umgeräumt. Die stehen jetzt ja an einem anderen Platz“. Ich mußte mich erst umerziehen und an die Veränderung gewöhnen.

Gleichgültig, worin man sich ändern will: immer benötigt man Zeit und Ausdauer. Kritisieren Sie sich deshalb nicht, wenn Sie sich zum 10. oder 50. Mal dabei ertappen, daß Sie negativ denken.

Sie sind weder dumm noch zu alt, um sich umzuerziehen. Seien Sie geduldig mit sich und lassen sich Zeit. Auch Sie haben wie hunderttausend andere vor Ihnen die Fähigkeit, Ihr negatives und schädliches Denken Schritt für Schritt auszumerzen. Aber machen Sie sich nichts vor. Es wird Ihnen nicht hundertprozentig gelingen. Auch ich, der ich sehr viel Übung im Ausmerzen negativer Gedanken habe, bin nicht frei davon.

Auch ich muß mich noch immer Tag für Tag, mal mehr, mal weniger, darum bemühen.

Eines kann ich Ihnen jedoch aus meiner Erfahrung sagen: Es lohnt sich, seine negativen Denkgewohnheiten zu ändern. In dem Maße, in dem Sie Ihre negativen Gedanken ändern, werden Sie sich auch ohne Alkohol besser fühlen. Und je besser Sie mit Ihren negativen Gefühlen umgehen können, umso besser können Sie auch mit dem Alkohol umgehen. Sie haben die Fähigkeit, sich aus dem Gefängnis Ihrer negativen Gefühle zu befreien. Geben Sie deshalb nicht vorschnell auf, und werfen Sie die Flinte nicht ins Korn.

Ob man glaubt, etwas zu können,
oder glaubt, etwas nicht zu können,
man hat immer recht.

Kapitel 6
Werden Sie Ihr bester Freund

„Ich bin nicht gut genug“.
„Ich bin nicht so intelligent“.
„Ich tauge nichts“.
„Ich bin minderwertig“.
„Die anderen sind alle besser“.

Denken Sie von sich auch so? Dann leiden Sie unter einem negativen Selbstwertgefühl. Ein negatives Selbstwertgefühl ist die Folge solch negativer Gedanken und Einstellungen. Denken wir schlecht von uns, kritisieren uns und machen uns klein, dann fühlen wir uns auch „klein“ und minderwertig, sind verzweifelt und mutlos. Wenn Ihr Selbstwertgefühl gering ist, wenn Sie sich minderwertig und wertlos fühlen, dann einzig und alleine deshalb, weil Sie denken, Sie seien minderwertig und wertlos.

Was haben Sie an sich auszusetzen?

Halten Sie sich für zu groß, zu klein, zu dick oder zu dünn? Glauben Sie zu viele oder zu wenige Haare, einen zu kleinen oder einen zu großen Busen zu haben, zu nachlässig oder zu oberflächlich, zu dumm oder zu flatterhaft zu sein? Verurteilen Sie sich, weil Sie zuviel Alkohol trinken oder keine Kontrolle darüber haben, weil Sie sich und Ihrer Familie damit schaden?

Machen Sie gleich jetzt einmal Ihre Negativliste. Schreiben Sie all das auf, was Sie nicht an sich mögen und wofür Sie sich verurteilen. Sie sträuben sich dagegen? Es ist Ihnen unangenehm, das zu tun? Dann tun Sie es trotzdem. Es ist wichtig. Machen Sie jetzt Ihre Liste und lesen erst dann weiter.

Ich mag an mir nicht, daß

1. ....

2. ....

3. ....

4. ....

5. ....

6. ....

7. ....

8. ....

9. ....

10. ....

Nun, wie geht es Ihnen, wenn Sie Ihre Minuspunkte anschauen? Schlecht, vermute ich. Sie sind deprimiert, bemitleiden sich und sind unglücklich.

Können Sie erkennen, wie Sie sich all das antun? Erkennen Sie, wie Sie sich all diese schlechten Gefühle machen? Freiwillig und ohne daß jemand anderer etwas dafür kann.

„Aber ich kann mich doch nicht positiv sehen.
Da würde ich mir doch etwas vormachen.
Ich würde mich dann doch belügen".

Wie kommen Sie darauf, daß Sie sich etwas vormachen, wenn Sie sich mögen und akzeptieren? Was für Beweise haben Sie denn, daß all die negativen Dinge, die Sie sich vorwerfen, tatsächlich ein Grund sind, so schlecht von sich zu denken? Was macht Sie so sicher, daß Sie der minderwertige Mensch sind, für den Sie sich halten?

Ich weiß, daß Sie eine Menge Gründe haben, warum Sie von sich so schlecht denken. Sie glauben vielleicht, daß Sie nach allem, was Sie Ihrer Familie durch Ihr Trinken angetan haben, allen Grund haben, auf sich herabzusehen. Vielleicht sind es auch andere Fehler und Schwächen, wegen derer Sie glauben, sich verurteilen zu müssen. Lassen Sie uns aber dennoch einmal schauen, ob Sie richtig handeln, wenn Sie so hart mit sich ins Gericht gehen.

Vermutlich verlangen Sie von sich in dem einen oder anderen Bereich vollkommen sein zu müssen. Sie sind der Überzeugung, erst dann gut über sich denken zu können, wenn Sie in bestimmten Dingen alles richtig machen, also perfekt sind.

Wieso gehen Sie so hart mit sich um? Warum verzeihen Sie sich nicht Ihre Unvollkommenheit und akzeptieren, daß Sie eben auch nur ein Mensch mit Fehlern und Schwächen sind?

Würden Sie sich in der Gesellschaft eines Menschen wohlfühlen, der ständig nichts anderes tut, als auf Ihren Fehlern und Schwächen herumzuhacken? Fühlen Sie sich in der Gesellschaft eines Menschen wohl, der Ihnen ständig sagt, Sie seien dumm und unfähig?

Wohl kaum. Sie würden diesem Menschen aus dem Weg gehen und sich andere Menschen suchen, die Sie mögen und respektieren. Was aber tun Sie? Sie verbringen Tag für Tag freiwillig mit einem Menschen, der Sie kritisiert und abwertet, der nicht müde wird, Ihnen zu erzählen, wie unfähig und dumm Sie sind. Kennen Sie diesen Menschen? Ich glaube, daß Sie ihn mehr als gut kennen. Es sind nämlich Sie selbst, der sich fortwährend kritisiert und abwertet.

Warum trennen Sie sich nicht von diesem Kritiker? Warum hören Sie immer wieder zu, wenn er Sie kritisiert? Trennen Sie sich von ihm!

Wenn Ihnen immer wieder jemand sagen würde, Sie seien ein Buntspecht, dann würden Sie ihn entweder auslachen oder ihn für verrückt halten. Sie würden ihm keinen Glauben schenken.

Viele negative Dinge über sich, die Sie sich entschieden haben zu glauben, sind genauso unwahr und weithergeholt wie der Buntspecht. Wenn Sie glauben, Ihr Selbstwert hänge von Ihrer Körperstatur oder Ihrem Verhalten ab, dann ist das genauso, als würden Sie sich einen Buntspecht nennen.

Ihr Wert als Mensch hängt nicht davon ab, was Sie tun und wie Sie aussehen. Sie können sich dafür entscheiden, sich selbst zu mögen, und mit sich zufrieden sein, trotz der Fehler und Schwächen, die Sie haben.

Wenn es Ihnen wirklich ernst ist, ein befriedigendes Leben ohne Alkohol zu führen, wenn Sie befriedigende und positive Beziehungen zu anderen Menschen haben wollen, dann beginnen Sie, sich trotz Ihrer Fehler und Schwächen zu mögen und zu akzeptieren.

Wenn Sie sich für Ihre Fehler verurteilen und ablehnen, dann tun Sie sich damit keinen Gefallen. Sie machen dann alles nur noch schlimmer und fühlen sich noch schlechter.

„Aber wenn ich mich so akzeptiere, wie ich bin, dann ändere ich mich nicht mehr“.

Das ist ein weitverbreiteter Irrtum. Schauen Sie einmal zurück. Hat all Ihr Kritisieren und Sich-Verurteilen Ihnen bisher ein einziges Mal geholfen, sich zu ändern? Haben Sie weniger getrunken, waren weniger nachlässig oder haben sich sonst in irgendeiner Sache geändert, für die Sie sich bisher abgelehnt haben?

Ich möchte fast wetten, daß all Ihr Kritisieren für Sie bisher kein Grund war, sich zu ändern. Das Einzige, das Sie durch Ihre Selbstverachtung erreicht haben, ist, daß Sie sich schlecht fühlten und vor lauter Selbstvorwürfen wahrscheinlich noch mehr getrunken haben.

Sich selbst zu tadeln und zu kritisieren, verhindert, daß Sie sich ändern können. Erst wenn Sie sich annehmen und akzeptieren, sind Sie in der Lage, positive Schritte zu einer Veränderung zu unternehmen.

Wenn es Ihnen wirklich ernst ist, sich zu ändern, dann akzeptieren Sie sich zuerst so, wie Sie sind, d.h. mit all Ihren Fehlern und Schwächen. Dann können Sie all Ihre Energie darauf verwenden, das zu ändern, was Sie ändern können.

Werden Sie Ihr bester Freund, der zu Ihnen stets liebevoll und nett ist, der Sie unterstützt und für Sie da ist, wenn Sie ihn brauchen.

Wie Sie Ihr Selbstwertgefühl steigern können

1. Stoppen Sie selbstabwertende Gedanken

Wenn Sie sich dabei ertappen, daß Sie sich für etwas, das Sie getan oder gesagt haben, kritisieren und abwerten, dann stoppen Sie diesen Gedanken.

Sagen Sie sich stattdessen: „Ich habe es nicht verdient, so schlecht von mir zu denken. Ich bin ein Mensch mit Fehlern und Schwächen, aber meine Unvollkommenheit teile ich mit allen anderen Menschen auf dieser Welt. Ich verzei-

he mir meine Schwächen und akzeptiere mich so, wie ich bin".
Sie werden das sehr häufig tun müssen. Die Angewohnheit, sich zu verurteilen, ist sehr hartnäckig. Nur wenn Sie sehr energisch gegen sie vorgehen, können Sie diese Angewohnheit ablegen.

2. Sagen Sie sich „Ich mag dich"

Nehmen Sie einen Spiegel in die Hand, schauen Sie sich in die Augen und sagen sich immer wieder: „Peter (oder wie Sie heißen) ich mag dich so, wie du bist".

Diese Übung ist für die meisten Menschen sehr schwierig. Viele wehren sich anfänglich dagegen, reagieren ärgerlich oder weinen. Es wird ihnen sicherlich nicht anders gehen. Ja, Sie werden eine Menge Gründe anführen, warum Sie diese Übung nicht machen können. Sie würden sich lächerlich vorkommen, Sie würden sich belügen, usw. Diese und andere Gedanken zeigen nur, wie festgefahren Sie in Ihrem negativen Denken bereits sind. Sie zeigen, wie sehr Sie es schon gewohnt sind, schlecht von sich zu denken.

Schenken Sie diesen Gedanken keine Beachtung. Diese wollen Sie nur daran hindern, sich zu ändern. Sie haben keine Macht über Sie, solange Sie ihnen keine Macht geben, indem Sie ihnen glauben. Sagen Sie sich immer wieder: „Ich akzeptiere mich so, wie ich bin, ich akzeptiere mich so, wie ich bin ...".

3. Schließen Sie Frieden mit Ihren negativen Seiten

Nehmen Sie Ihre Negativliste zur Hand, die Sie zu Beginn dieses Kapitels gemacht haben. Nun nehmen Sie sich den ersten Punkt auf Ihrer Liste und sagen sich:
„Peter (oder wie Sie heißen), ich mag dich auch, wenn ...".
Ergänzen Sie diesen Gedanken durch den ersten Punkt auf Ihrer Liste. Für die nächsten 10 Tage sagen Sie sich nun lediglich diesen einen Gedanken 100 Mal am Tag. Arbeiten

Sie also 10 Tage lang daran, sich auch mit dieser einen Schwäche zu akzeptieren. Dann nehmen Sie sich den nächsten Punkt für 10 Tage vor, usw.

Akzeptieren Sie sich also mit den Fehlern und Schwächen, die Sie haben. Sich selbst zu akzeptieren, ist das Wichtigste und Wertvollste überhaupt. Wenn Sie sich mit Ihren Fehlern, Schwächen und Unvollkommenheiten annehmen und sich trotzdem mögen, dann haben Sie viele Ihrer Probleme gelöst.

Vertrauen Sie mir. Machen Sie die Übungen dieses Kapitels und beherzigen meine Vorschläge für die nächsten 30 Tage und Sie denken anders darüber. Es ist lediglich eine Frage der Gewohnheit, sich zu akzeptieren und zu mögen, ohne dabei gleich zu denken, man sei überheblich oder egoistisch. Und selbst wenn es egoistisch wäre, wem schaden Sie damit? Niemandem. Im Gegenteil. Ich garantiere Ihnen, daß die meisten Menschen, die Sie treffen, freundlich und nett zu Ihnen sind, wenn Sie zu sich nett und freundlich sind.

Wollen Sie das Experiment wagen? Wenn Sie mehr zum Thema Selbstvertrauen erfahren möchten, dann schauen Sie doch einmal in mein Buch <So gewinnen Sie mehr Selbstvertrauen>. In ihm finden Sie noch weitere Hilfestellungen zur Stärkung Ihres Selbstvertrauens.

Sei Dir selbst Dein bester Freund und nicht Dein schlimmster Feind

Kapitel 7
Wie Sie Ihre Schüchternheit überwinden

„Was wird er von mir denken, wenn ich ihn anspreche?“
„Bestimmt mache ich mich lächerlich und benehme mich daneben“
„Sicher werde ich rot und sie wird merken, wie unsicher ich bin“

Gehen Ihnen auch solche Gedanken durch den Kopf, wenn Sie daran denken, einen Fremden anzusprechen? Dann fehlt es Ihnen an Selbstvertrauen und selbstsicherem Auftreten.

Sie können dieses Problem überwinden, wenn Sie Ihre negativen Einstellungen ändern und sich einige der Fertigkeiten aneignen, die ich Ihnen aufzeigen werde.

Vielleicht haben Sie bisher gedacht, die anderen machen Sie nervös und unsicher, aber das ist wirklich nicht der Fall. Vielleicht haben Sie Ihre Schüchternheit auch damit entschuldigt, daß Sie sagten, Sie seien eben ein unsicherer Typ. Aber auch das ist nicht der Fall.

Die Ursache für Ihre Schüchternheit liegt in Ihrem Denken, in Ihren ängstlichen und negativen Gedanken. Es sind vor allem 3 Arten negativer Gedanken, durch die Sie sich unsicher und schüchtern machen:

1. Negative Erwartungshaltung

Sie malen sich in Gedanken aus, daß Sie sich ganz unmöglich benehmen werden. In Ihrer Phantasie sehen Sie sich, wie Sie den anderen völlig nervös und durchgedreht ansprechen und irgendetwas ganz Dummes sagen. Sie stellen sich vor, daß Sie nicht mehr weiterwissen und die Situation dann furchtbar peinlich für Sie wird.

2. Gedankenlesen

Sie entscheiden schon im vorhinein, daß dem anderen nichts an Ihnen liegt. „Wieso sollte ihm/ihr ausgerechnet an mir etwas liegen? So etwas Besonderes bin ich auch nicht“.

3. Die „Ich-darf-nicht“-Haltung

Sie versuchen, Ihre Nervosität zu unterdrücken und sich nicht anmerken zu lassen, daß Sie unsicher sind. Sie verlangen von sich, nicht unsicher oder schüchtern sein zu dürfen.
Je mehr Sie sich aber dagegen wehren, umso angespannter sind Sie und umso größer ist Ihre Angst. Umso weniger aber können Sie Ihre Nervosität kontrollieren.

Wenn Sie selbstsicher sein möchten, dann ist es wichtig, daß Sie diese negativen und pessimistischen Einstellungen und Gedanken durch eher hilfreiche oder positive Gedanken ersetzen.

Wie Sie Ihre Schüchternheit überwinden können

1. Hören Sie auf, sich auszumalen, daß Sie alles falsch machen, sich daneben benehmen oder ein Nervenbündel sein werden. Mit solch negativen Phantasien machen Sie sich nur unsicher und gehemmt.
   Stellen Sie sich vielmehr vor, daß Sie sich wohlfühlen, wenn Sie mit anderen zusammen sind, daß Sie sich angeregt unterhalten und die andern auf Sie eingehen.

2. Betätigen Sie sich nicht als Hellseher, indem Sie schon im vorhinein entscheiden, daß niemand an Ihnen interessiert sein wird.
   Sagen Sie sich vielmehr: „Ich weiß nicht, wie andere mich

finden werden. Es wird einige Menschen geben, die mit mir etwas anfangen können. Andere werden mit mir nichts anzufangen wissen. Niemand ist bei allen Menschen beliebt. Ich mag schließlich auch nicht jeden".

3. Versuchen Sie nicht, Ihre Gefühle der Unsicherheit und Nervosität zu unterdrücken.

   Erlauben Sie sich, nervös und unsicher sein zu dürfen. Akzeptieren Sie, daß Sie kein Macho oder Draufgänger sind, und verurteilen sich nicht dafür. Wenn Sie sich für Ihre Schüchternheit verurteilen, dann machen Sie das Ganze nur noch schlimmer.
   Ja, geben Sie zu, daß Sie etwas schüchtern und nervös sind. Das macht Sie für viele Menschen erst attraktiv und sympathisch. „Und wenn nicht?", werden Sie nun vielleicht fragen. Nun, Sie können nicht vermeiden, daß ein gewisser Prozentsatz der Menschen nichts mit Ihnen zu tun haben will. Es gibt Menschen, die es mögen, wenn der andere „cool" ist, und es gibt Menschen, die eher sensible Partner bevorzugen. Niemand wird von allen Menschen akzeptiert und gemocht. Wichtig ist deshalb, daß Sie sich selbst mögen und sich so akzeptieren, wie Sie sind, - mit Ihrer Schüchternheit und Nervosität.

Wenn Sie das Risiko eingehen und sich so geben, wie Sie sind, anstatt vorzugeben, daß Sie ein anderer sind, dann ist die Wahrscheinlichkeit groß, daß viele Menschen Sie sympathisch finden.

Ob Sie es glauben oder nicht, aber Ihre Schwächen machen Sie für viele Menschen sympathisch. Die anderen haben diese Schwächen nämlich ebenfalls, versuchen sie aber meist auch unter dem Deckmäntelchen der Vollkommenheit zu verbergen. Durch das Eingeständnis Ihrer Schwächen machen Sie es anderen leichter, auch ihre Fassade abzulegen, und dafür werden die anderen Ihnen dankbar sein.

Die Veränderung Ihrer negativen Einstellungen ist der erste Schritt zu mehr Selbstvertrauen. Daneben ist es aber auch wichtig, zu wissen, wie und worüber man sich mit anderen unterhalten kann.

Viele unsichere Menschen haben panische Angst, daß ihnen entweder überhaupt nichts einfällt, worüber sie sich unterhalten können, oder daß ihnen mitten in einer Unterhaltung der Gesprächsstoff ausgeht und eine peinliche Stille einkehrt. Deshalb habe ich im folgenden drei sehr hilfreiche Gesprächstechniken aufgeführt, die Ihnen, wenn Sie sie praktizieren, von großem Nutzen sein können.

Gesprächstechniken

1. Small Talk

Darunter versteht man Gespräche, die sich um ganz alltägliche, ja sogar banale Dinge drehen: das Wetter, den Urlaub, die Mode, usw. Viele unsichere Menschen in meiner Praxis sagen: „Ich kann mich doch nicht über das Wetter unterhalten. Das ist zu banal“. Diese Menschen glauben nur über etwas Außergewöhnliches oder Hochgeistiges sprechen zu können. Da sie aber nur selten etwas Außergewöhnliches erleben, sagen sie lieber nichts aus Angst, vom anderen als nicht interessant genug angesehen zu werden.

Das ist Unsinn. Hören Sie einmal mit, wenn Menschen sich unterhalten. Welches sind die Themen?

Die Gespräche kreisen oft um Tagesereignisse. Da ist die Rede vom Wetter, von politischen und wirtschaftlichen Ereignissen, von Filmen, die im Kino laufen. Ein Großteil der Menschen unterhält sich Tag für Tag über diese Themen. Warum nicht auch Sie?

„Aber ich interessiere mich doch nicht für Politik und Kultur. Und ins Kino gehe ich auch nicht“. Dann fangen Sie an, sich dafür zu interessieren. Aber selbst wenn Sie das nicht mögen, dann gibt es ein Thema, über das Sie hundertprozentig Bescheid wissen: über Ihre eigene Person.

Die Menschen sind daran interessiert, Sie kennenzulernen: was Sie tun, welche Hobbies und Interessen Sie haben, usw. Vielleicht wenden Sie nun ein: „Was soll ich schon von mir berichten? Mein Leben ist nicht aufregend und meine Arbeit ganz gewöhnlich. Ich sitze einfach nur hinter meinem Schreibtisch. Das interessiert doch keinen“.

Gleichgültig, was Sie für Ihren Lebensunterhalt tun, Ihr Beruf ist genauso interessant wie jeder andere Beruf auch. Das Problem ist wahrscheinlich nur, daß Sie selbst Ihrem Beruf nichts abgewinnen können oder ihn für langweilig halten. Deshalb denken Sie, andere werden auch so darüber denken. Wenn Sie aber Ihren Beruf und sich für langweilig und uninteressant halten, dann wird sich Ihre negative Einstellung als eine selbsterfüllende Prophezeiung auswirken.

Wenn Sie sich für langweilig halten und glauben, der Welt nichts zu bieten zu haben, dann verhalten Sie sich auch wie jemand, der unwichtig ist, und die anderen werden Ihnen das ansehen. Wer läßt sich aber schon freiwillig mit einem uninteressanten Menschen ein? Sie vielleicht?

Auch in Ihrem Beruf ereignen sich erzählenswerte Vorfälle, wenn Sie Ihre Augen dafür öffnen und aufhören, Ihren Beruf für uninteressant zu halten.

Auf jeden Fall aber haben Sie Träume. Sicherlich träumen auch Sie von irgendetwas, vielleicht einem eigenen Haus, jenem tollen Wagen oder dem nächsten Urlaub. Was Sie begeistert, kann auch andere begeistern.

2. Interessieren Sie sich für den anderen

Viele schüchterne Menschen glauben fälschlicherweise, daß sie andere mit ihrem Aussehen oder ihrer Intelligenz beeindrucken müssen, um interessant zu sein.

Das ist ein großer Irrtum. Ganz abgesehen davon, daß nicht jeder einen Porsche fahren und sich teure Kleider kaufen kann, setzen Sie sich mit einer solchen Forderung unter einen enormen Leistungsdruck. Hinzu kommt, daß man sich damit auch ganz schön unbeliebt machen kann, weil man als Aufschneider oder Angeber angesehen werden kann.

Viele Menschen versuchen, auf andere interessant und attraktiv zu wirken. Durch ihr Imponierverhalten haben sie jedoch keine Augen und Ohren für den anderen. Sie sind so mit sich und ihrer Darstellung beschäftigt, daß sie gar nicht für den anderen offen sind.

Jeder versucht, sich für den anderen so interessant zu machen, wie nur möglich und ist nur ängstlich um seinen Eindruck bemüht, daß er nicht auf den anderen eingehen kann.

Wenn Sie versuchen, interessant zu sein, dann sind Sie uninteressant. Wenn Sie dagegen (an anderen) interessiert sind, dann sind Sie interessant. Jeder Mensch hat das Bedürfnis, geliebt und geschätzt zu werden. Wenn Sie anderen Menschen Interesse und Wertschätzung entgegenbringen, dann sind Sie für andere interessant.

Ein einfacher Weg, Interesse für den anderen zu zeigen, ist, Fragen zu stellen. Veranlassen Sie andere, von sich zu sprechen. „Erzählen Sie mir mehr darüber“. „Was machen Sie beruflich?“, „Wie gefällt Ihnen Ihre Arbeit?“ Stellen Sie sich vor, Sie seien Sherlock Holmes und wollten über den anderen Menschen Nachforschungen anstellen.

Finden Sie heraus, was der andere beruflich tut, wo er herkommt, welche Hobbies er hat, was er zu tun beabsichtigt, usw. Stellen Sie möglichst solche Fragen, auf die man nicht mit einem „Ja“ oder „Nein“ antworten kann.

Hören Sie auf das, was der andere Ihnen auf Ihre Fragen berichtet. Aus seinen Antworten können Sie weitere Fragen formulieren. Damit Ihre Fragen nicht den Anschein erwecken, Sie wollten Ihren Gesprächspartner verhören, sollten Sie auch über sich sprechen, d.h. dem anderen etwas Persönliches mitteilen (s. Punkt 3).

Wenn Sie krampfhaft überlegen, was Sie als nächstes sagen können, dann haben Sie keine Augen und Ohren für den anderen und das, was er sagt. Sie verpassen dann viele Chancen, einzuhaken und weitere Fragen zu stellen.

Sie können auf das, was der andere sagt, auf verschiedene Weise reagieren:

a) Sie können ihm zustimmen, wenn Sie seiner Meinung sind. „Ja, Sie haben Recht. Das Wetter ist schlecht“, oder „Da haben Sie recht. Das finde ich auch unverschämt“.

b) Sie können ihn auffordern, mehr darüber zu sprechen. „Das ist wirklich interessant, was Sie da sagen. Wie haben Sie das gemacht?“, usw.

3. Geben Sie etwas von sich preis!

Teilen Sie dem anderen Ihre Ängste und Zweifel, aber auch die Dinge mit, die Sie begeistern.

Ich kann beinahe Ihren Einwand hören: „Das kann ich nicht machen. Was wird der andere von mir denken, wenn ich eingestehe, daß ich Fehler habe?“

Sie mögen nicht ganz unrecht haben. Sicherlich gibt es einige Menschen, die sich über Ihre Schwächen und Fehler lustig machen. Aber wenn Sie sich akzeptieren und sich zugestehen, Fehler machen zu dürfen, dann ist das nicht so schlimm für Sie.

Andererseits werden Sie aber auch auf viele Menschen treffen, die Ihre Offenheit schätzen und Sie dafür bewundern.

Vielleicht denken Sie nun, daß Sie diese Techniken nicht anwenden können. Sie befürchten, andere werden auf Sie herabschauen, wenn Sie etwas von sich preisgeben oder anderen Fragen stellen. Sie mögen denken, daß andere nicht an dem interessiert sind, was Sie zu sagen haben.
Probieren Sie es dennoch aus. Stellen Sie anderen Menschen Fragen, stimmen Sie ihnen zu und ermutigen sie, mehr darüber zu sprechen. Erzählen Sie von Ihren Ansichten. Sie werden überrascht sein, wieviel Erfolg Sie damit haben.

Probieren Sie diese Gesprächstechniken zuerst einmal bei Menschen aus, die Sie gut kennen, bei Ihrem Partner, bei einem Freund oder einer Freundin. Üben Sie bei diesen vertrauten Personen. Auf diese Weise bekommen Sie etwas Sicherheit in der Anwendung dieser Gesprächstechniken.

Selbstvertrauen bekommen Sie nur dadurch, daß Sie gerade das tun, wovor Sie Angst haben. Nur wenn Sie das Risiko eingehen, Ihre Sache nicht perfekt zu machen, und nach dem ersten Mißerfolg nicht aufgeben, werden Sie Ihre Schüchternheit überwinden.

Die Devise heißt also: üben, üben, ... Warten Sie nicht darauf, bis Sie in der Stimmung sind, jemanden anzusprechen, oder bis Sie Ihre Schüchternheit überwunden haben. Das funktioniert nicht. Sie müssen mit Ihrer Unsicherheit und Nervosität das tun, worin Sie gut werden wollen. Achten Sie dabei auf Ihre negativen und pessimistischen Gedanken. Lassen Sie sich nicht von ihnen abhalten, das zu erreichen, was Sie sich wünschen: eine liebevolle und gute Beziehung zu sich und anderen Menschen.

Kapitel 8
Überwinden Sie Ihre Angst vor Ablehnung

„Was, wenn er/sie mir einen Korb gibt?
Ich könnte das nicht ertragen. Das wäre furchtbar".

Wenn Sie die Techniken der vorangegangenen Kapitel anwenden, dann werden Sie mit der Zeit Ihr Selbstvertrauen steigern. Es wird Ihnen jedoch auch passieren, daß Sie manchmal auf Ablehnung bei anderen stoßen. Sie werden die Erfahrung machen, daß nicht alle Menschen Ihre Bemühungen mit Sympathie erwidern. Ihre Angst vor Ablehnung mag Sie daran hindern, nach der ersten Zurückweisung weiterzumachen. Diese Angst können Sie überwinden, wenn Sie die ablehnende Haltung anderer nicht als eine Katastrophe betrachten.

Die Angst vor Ablehnung ist die wohl am häufigsten verbreitete Angst unter den Menschen. Millionen von Menschen versetzen sich Tag für Tag in Angst, nicht akzeptiert zu werden. Was ist an einer Ablehnung aber so schlimm?

Im Grunde genommen nichts. Lediglich die Schlußfolgerungen, die die meisten Menschen aus einer Ablehnung ziehen, versetzen sie in Angst und Panik.

Wenn Sie aber über eine Ablehnung objektiv und realistisch nachdenken, dann verliert sie ihre abschreckende Wirkung. Das heißt natürlich nicht, daß es ein Anlaß zur Freude ist, wenn Ihnen jemand die kalte Schulter zeigt. Sicherlich nicht. Aber Sie können lernen, nicht gleich am Boden zerstört zu sein und an sich zu zweifeln, wenn sich jemand von Ihnen abwendet.

Welche Gedanken gehen Ihnen durch den Kopf, wenn Sie

auf Ablehnung stoßen? Diese Gedanken sind Ihre wahren Feinde, nicht die Menschen, die eine Ablehnung aussprechen. Vielleicht denken Sie: „Ich werde nie jemanden finden, der mich mag. Ich werde immer alleine sein".

Auch wenn Sie von diesen Gedanken überzeugt sind, so sind sie doch unrealistisch und entbehren jeder Grundlage. Sie verallgemeinern übertrieben oder tun so, als ob Sie Ihr zukünftiges Leben überblicken könnten und sicher wüßten, was passieren wird.

Die Geschmäcker der Menschen sind verschieden und so wie Sie einen bestimmten Typ Mensch bevorzugen, tun andere das auch. Wenn Sie sich nicht gleich in Ihr Mauseloch zurückziehen, dann werden Sie früher oder später jemanden finden, der Sie mag.

Weitaus selbstschädigender ist es jedoch, wenn Sie eine Ablehnung zum Anlaß nehmen, um an sich zu zweifeln, und sich für unzulänglich halten. „Ich bin einfach nicht gut genug. Ich bin minderwertig".

Wenn Sie die Gründe, wegen derer andere Menschen jemanden ablehnen, näher betrachten, werden Sie feststellen, wie unangemessen diese Einstellung ist.

Schauen Sie einmal bei sich nach, warum Sie bestimmte Menschen sympathisch finden und andere nicht.

Sie werden feststellen, daß Sie andere Menschen danach auswählen, ob diese Ihrem Geschmack entsprechen. Bevorzugen Sie als Frau Männer mit dunklen oder blonden Haaren, Männer, die sportlich oder eher elegant gekleidet sind, die zurückhaltend oder eher forsch sind?

Oder wie steht es mit Ihnen als Mann? Bevorzugen Sie eine Frau mit einem großen oder einem kleinen Busen, Frauen, die eher schlank oder gut beisammen sind, die eher häuslich oder berufstätig sind?

Vor einiger Zeit sendete das Fernsehen eine Umfrage, in

der Männer nach den Eigenschaften ihrer Idealfrau gefragt wurden. Die Antworten waren so verschieden wie die Menschen.

Wenn Sie jemand aufgrund seines Geschmacks nicht attraktiv findet, dann hat das nichts damit zu tun, daß Sie nicht liebenswert und attraktiv sind. Sie sind dann einfach nicht sein Typ, nicht mehr und nicht weniger.

Richten Sie sich lieber rustikal oder modern ein? Wenn Sie rustikale Möbel bevorzugen und sich darin wohlfühlen, heißt das dann, daß moderne Möbel minderwertig sind? Nein, ganz sicherlich kämen Sie nicht auf einen solchen Gedanken.

Eine Ablehnung durch andere Menschen bedeutet nie, daß Sie ein uninteressanter und nicht liebenswerter Mensch sind. Selbst wenn ein anderer Sie wegen bestimmter Eigenschaften ablehnt, so ist das kein Grund, daß Sie sich deshalb auch verurteilen und für unzulänglich halten.

Es mag sein, daß Sie die eine oder andere negative Eigenschaft haben, daß Sie eifersüchtig, egoistisch oder launisch sind. Dennoch sind Sie ein liebenswerter und wertvoller Mensch, wenn Sie sich dafür entscheiden, sich so zu sehen. Jeder Mensch ist liebenswert und wertvoll.

Selbsttadel und Selbstablehnung helfen Ihnen in keiner Weise. Ihre Unvollkommenheit ist ein unausweichlicher Bestandteil des Menschseins. Sie ist kein Beweis für Ihre Minderwertigkeit.

Das heißt nicht, daß Sie Ihre Fehler und Schwächen gutheißen sollen. Nein! Gestehen Sie sich ein, daß Sie diese oder jene negative Angewohnheit haben und beginnen Sie, diese zu ändern. Aber akzeptieren Sie sich. Wenn Sie sich dafür ablegen, wie Sie sind, dann machen Sie alles nur noch schlimmer. Ihre Probleme werden dann größer und größer. Wenn Sie sich dagegen akzeptieren und sich annehmen, wie Sie sind, dann haben Sie den Mut und die Ausdauer, um sich zu ändern.

Üben Sie, mit Ablehnung umzugehen

Es kann sein, daß Sie mir nun vom Verstand her zustimmen, aber sich trotzdem schlecht fühlen, wenn Sie auf Ablehnung stoßen. Es kann sein, daß Sie wirklich darum bemüht sind, sich so, wie Sie sind, anzunehmen. Und trotzdem bricht für Sie eine Welt zusammen, wenn Sie zurückgewiesen werden.

Ihr Verstand sagt Ihnen, daß eine Ablehnung keine Katastrophe ist, Ihr Gefühl scheint Ihnen jedoch total zu widersprechen. Damit Ihre Gedanken und Gefühle stimmig werden, d.h. Sie nicht nur denken, daß es nicht so schlimm ist, abgelehnt zu werden, sondern Sie das auch fühlen, müssen Sie üben, abgelehnt zu werden.

Ja, Sie haben richtig gelesen. Worauf es nun ankommt, ist, daß Sie möglichst oft zurückgewiesen werden. Wenn Sie mehrere Male abgelehnt wurden und Sie sich in Gedanken dafür nicht abgewertet haben, dann ist Ihre Angst vor Ablehnung geringer. Sie wissen dann nämlich, daß Sie es ertragen können, abgelehnt zu werden, und daß deshalb nicht gleich die Welt untergeht. Je weniger Sie aber Angst haben, abgelehnt zu werden, umso selbstsicherer sind Sie.

Nehmen Sie sich also vor, die nächsten 3 Monate wöchentlich mindestens 5 Mal abgelehnt zu werden. Das bedeutet, daß Sie eine Menge Menschen ansprechen müssen. Gehen Sie auf andere zu, benutzen Sie die Techniken der vorangegangenen Kapitel und gehen Sie das Risiko ein, abgelehnt zu werden. Äußern Sie Ihre Meinung über ein Thema, auch wenn Sie befürchten, daß der andere Sie dafür ablehnen wird. Stehen Sie dazu, das sagen und glauben zu dürfen, was Sie möchten.

Wenn jemand Sie zurückweist, dann ist das schade, aber bestimmt kein Grund, den wichtigsten Menschen in Ihrem Leben, nämlich Sie, auch zurückzuweisen.

Wenn Sie zu sich stehen und sich selbst ein guter Freund sind, dann sind Sie gewappnet, wenn andere Sie nicht zum Freund wollen.

Ein Fehler kann nicht alle guten Taten zunichte machen, die wir in unserem Leben gemacht haben.

Kapitel 9
Wie Sie Ihren Ärger überwinden

„So eine Frechheit. Dem werd ich's zeigen"
„Er sollte nicht so mit mir umspringen"
„Er hätte das nicht tun dürfen"
„Ich hätte das nicht sagen dürfen"

Ärger ist ein Gefühl, das viele Menschen gerne mit einem kräftigen Schluck Alkohol hinunterspülen. Wenn Sie sich häufig ärgern, ist es deshalb sehr wichtig, daß Sie Wege kennen, wie Sie mit Ihrem Ärger auch ohne Alkohol umgehen oder ihn vermeiden können.

Viele Menschen glauben, daß es nur zwei Möglichkeiten gibt: entweder seinen Ärger hinunterzuschlucken oder ihm freien Lauf zu lassen. Wenngleich es besser ist, seinem Ärger Luft zu machen, als ihn für sich zu behalten, so ist diese Reaktion doch nicht gesund. Besser ist es, sich erst gar nicht zu ärgern.

„Man kann sich doch nicht alles gefallen lassen. Wenn man sich nicht ärgert, dann ist einem ja alles gleichgültig."

Ich kann Sie beruhigen. Ich schlage weder vor, daß Sie sich alles gefallenlassen, noch daß Sie allem gleichgültig gegenüberstehen sollen. Das wäre wirklich schlimm.

Nein, ich bin lediglich der Überzeugung, daß man sich nicht zu ärgern braucht, um seine Meinung zu vertreten oder sich durchzusetzen.

Wenn Sie sich einmal beobachten, bei welchen Gelegenheiten Sie sich ärgern, dann werden Sie feststellen, daß Ihr Ärger fast immer eine Reaktion auf ein Ereignis ist; d.h. Sie ärgern sich über etwas, das Sie nicht mehr ändern oder rückgängig machen können. Was also bringt Ihnen Ihr Ärger, außer daß Sie sich unwohl fühlen und möglicherweise in Konflikt mit anderen Menschen geraten? Nichts! Durch Ihren Ärger vergeuden Sie eine Menge Energie, die Sie viel besser darauf verwenden könnten, das zu ändern, was Sie ändern können.

Vielleicht gehören Sie zu den Menschen, für die Ärger eine Art Ansporn ist, um etwas gegen das „Ärgernis" zu unternehmen. Wenn Ihr Ärger für Sie Anlaß ist, etwas zu verändern, was in Ihrer Macht liegt, dann mag für Sie Ihr Ärger sinnvoll und nützlich sein. Entscheiden Sie selbst, ob Ihr Ärger sinnvoll ist.

Die Ursachen Ihres Ärgers

Es sind nicht die anderen, die Sie ärgerlich machen. Es ist nicht die Schuld der anderen, wenn Sie an die Decke gehen und außer sich sind.

Sie ganz alleine tragen die Verantwortung dafür. Sie machen sich selbst immer wieder ärgerlich durch Ihre fordernden und ärgerlichen Selbstgespräche.

Sie verlangen, daß andere bestimmte Dinge nicht tun oder sagen dürfen. Warum aber dürfen andere nicht tun und sagen, was sie wollen? Vermutlich haben Sie dafür viele Gründe: weil das, was andere tun oder sagen, Ihrer Meinung nach schlecht, ungerecht, fies, niederträchtig, falsch oder egoistisch ist.

Warum aber, so frage ich Sie, dürfen die anderen nicht so sein?

Wenn Sie mir gegenübersitzen würden, dann würden Sie mir vermutlich eine Gegenfrage stellen. „Finden Sie das richtig, wenn ein anderer zu Ihnen ungerecht oder gemein ist?"

Nein, sicherlich gefällt mir das ebensowenig wie Ihnen und ich wünschte, Ihre und meine Mitmenschen wären rücksichtsvoller, netter und toleranter. Aber sie sind es nicht und weder Ihr, noch mein Ärger ändert etwas daran. Die Menschen waren schon immer so und werden auch immer so sein. Das ist schade, aber so ist es nun mal. All Ihr Fordern und Ringen vermögen daran nichts zu ändern.

Verstehen Sie mich nicht falsch. Ich will Ihnen nicht verbieten, sich zu ärgern. Nein, ganz und gar nicht. Sie dürfen ärgerlich werden. Die Frage ist nur, ob Sie das wollen. Ist Ihre Antwort „nein", dann lesen Sie weiter.

Das Wesen des Ärgers

Aller Ärger ist rechthaberisch. Damit meine ich, daß Sie, wenn Sie sich ärgern, davon überzeugt sind, der andere habe unrecht und Sie selbst recht.

Mit Recht oder Unrecht ist das aber so eine Sache. Sicherlich ist es Ihnen schon einmal passiert, daß ein anderer auf Sie wütend war. Glaubten Sie, im Recht zu sein, mit dem was Sie gesagt und getan haben und worüber sich der andere ärgerte? Ich möchte fast wetten, daß Sie vollends der Überzeugung waren, richtig gehandelt zu haben. Ebenso war der andere davon überzeugt, daß Sie falsch gehandelt haben.

Wer von ihnen beiden hat nun aber recht? Klar, Sie selbst natürlich. Wie kann es auch anders sein? Oder vielleicht doch nicht?

Viele Menschen vergessen, und ich schließe mich da ein, daß wir uns meist nicht über Tatsachen, sondern über Meinungen streiten. Meinungen sind jedoch weder richtig noch falsch. Eine Meinung ist die ganz persönliche Beurteilung eines Sachverhaltes. Aber selbst wenn es eine Tatsache ist, daß der andere mit dem, was er tut oder sagt, unrecht hat, warum hat er dann nicht das Recht, im Unrecht zu sein? Warum verbieten Sie ihm, falsch zu handeln?

Verbieten Sie vielleicht sich selbst, falsch zu handeln? Fordern Sie vielleicht auch von sich, dieses oder jenes tun zu müssen? Ganz sicherlich. Das ist dann meist auch der Grund, warum Sie anderen gegenüber so intolerant sind. Sie fordern von sich ganz bestimmte Dinge und bestrafen sich für die Nichteinhaltung, indem Sie sich kritisieren und mit abfälligen Worten peinigen.

Wenn Sie sich ärgern, dann zeigt das, daß der andere bei Ihnen einen wunden Punkt getroffen hat. Er hat etwas gesagt oder getan, was Sie verurteilen und für das Sie sich selbst nicht leiden können.

Ingeborg neigt dazu, häufig rot im Gesicht zu werden. Sie selbst findet das ganz schrecklich und ziemlich dumm. Sie schämt sich für diese Schwäche unheimlich und findet sich ziemlich doof, wenn sie rot wird. Spricht sie jemand darauf an, dann reagiert sie sehr wütend und findet es eine Unverschämtheit, daß der andere sich erlaubt, darüber so „eine dumme Bemerkung zu machen".

Ihr Ärger ist eine Reaktion darauf, daß jemand ihre wunde Stelle getroffen hat. Würde sie sich akzeptieren, wenn sie rot wird, und würde sie sich sagen: „Du darfst rot werden. Das ist keine Schande. Deshalb bist du trotzdem ein netter und lieber Mensch", dann würde sie um die Worte des anderen nicht so viel Aufhebens machen. So aber ärgert sie sich selbst über diese Schwäche und findet es „blöd", rot zu werden.

Wenn Sie sich ärgern, dann zeigt Ihnen das also, daß Sie an einem wunden Punkt getroffen wurden, den Sie nicht bei sich akzeptieren.

Es ist letztlich Ihre eigene Intoleranz gegenüber sich selbst, die Sie anderen gegenüber intolerant sein läßt. Es ist Ihre Unzufriedenheit mit sich selbst, die Sie anderen gegenüber unzufrieden sein läßt.

Wie Sie Ärger abbauen können

1. Ein Weg, Ihren Ärger abzubauen, besteht darin, daß Sie sich selbst nicht für Fehler bestrafen. Wenn Sie sich selbst zugestehen, Fehler machen zu dürfen, und Ihre Schwächen akzeptieren, dann haben Sie auch nicht die Neigung, andere für ihre Fehler und Schwächen zu bestrafen. Damit tun Sie Ihren Mitmenschen einen Gefallen, aber den weitaus größten Gefallen tun Sie sich selbst. Sie fühlen sich nämlich wohler und sind zufriedener, und das möchten Sie doch, oder?

2. Schreiben Sie sich die folgenden Sätze auf eine kleine Karte, die Sie immer bei sich tragen können. Lesen Sie die Worte täglich mehrmals durch.

   „Ich akzeptiere mich mit all meinen Fehlern und Schwächen. Meine Mitmenschen sind wie ich nicht vollkommen, und deshalb handeln sie manchmal falsch. Sie haben ebenso wie ich das Recht, Fehler zu machen. Ich entscheide mich dafür, mir meine Fehler zu verzeihen. Vieles, was ich für falsch halte, ist nur meine ganz persönliche Beurteilung. Ich habe das Recht auf meine Meinung, so wie andere das Recht auf ihre Meinung haben.
   Wenn mir nicht gefällt, was andere tun oder sagen, dann kann ich ruhig darauf reagieren und dem anderen sagen, daß ich sein Verhalten nicht richtig finde. Wenn der andere mir jedoch nicht zustimmt, dann ist das in Ordnung. Er darf anderer Meinung sein als ich“.

Kapitel 10
Wie Sie wieder gut schlafen können

Viele Menschen benutzen den Alkohol als Einschlafmittel. Ein paar Schluck dieser „Medizin“ und das Sandmännchen kann ans Werk gehen.

Einschlafprobleme können ganz verschiedene Ursachen haben. Die häufigsten Ursachen sind jedoch unverarbeitete Probleme oder Sorgen, die man mit ins Bett nimmt.

Menschen, die schlecht einschlafen können, haben oft Probleme, abzuschalten. Sie sind mit ihren Gedanken bei den Ereignissen, die während des Tages vorgefallen sind und die sie nicht loszulassen scheinen. In Wirklichkeit aber ist es so, daß diese Menschen die Probleme nicht loslassen können. Sie glauben, nur durch die andauernde Beschäftigung mit ihnen zu einer Lösung kommen zu können. Sie sehen die Probleme als so ernst und bedrohlich an, daß sie glauben, sich damit ununterbrochen beschäftigen zu müssen.

Nur selten kommen diese Menschen jedoch zu einer Lösung. Das kommt daher, weil sie sich in sehr unproduktiver Weise mit ihren Problemen auseinandersetzen. Sie denken meist nur bis zu einem bestimmten Punkt, nämlich der vermeintlichen Katastrophe und sehen sich dieser hilflos ausgeliefert. Diese Art unproduktiver Gedanken nennt man Sorgen.

Sorgen sind angstauslösende Gedanken, die sich auf ein in der Zukunft liegendes Ereignis beziehen.

Da ist jene Mutter, die sich Nacht für Nacht Sorgen macht, ihr Sohn könne einen Autounfall haben.

Da ist jener Angestellte, der sich schlaflose Nächte bereitet, weil er befürchtet, entlassen zu werden.

Da ist jener Schüler, der nachts nicht schlafen kann, weil er Angst hat, durch die Prüfung zu fallen.

Wenn Sie sich Sorgen machen, dann denken Sie über etwas nach, das Sie vermeiden wollen. Sie konzentrieren sich in Gedanken also auf etwas für Sie Unangenehmes. Dabei machen Sie fünf entscheidende Fehler:

1. Sie wissen gar nicht, ob das, worüber Sie nachdenken, auch eintreten wird.
2. Sie denken nur immer wieder an das Ereignis, ohne sich konkrete Schritte zu überlegen, wie Sie dies entweder verhindern können oder wie Sie mit ihm umgehen können, wenn es eintritt.
3. Sie sehen das Ereignis als eine Katastrophe an, d.h. übertreiben in Ihren Gedanken und Vorstellungen hinsichtlich der negativen Konsequenzen, die das Ereignis nach sich ziehen wird.
4. Sie glauben, mit dem Ereignis nicht fertig zu werden, und sehen den Eintritt als Ihr Ende an.
5. Sie glauben, daß alleine das Darübernachdenken das Ereignis auf magische Weise verhindern wird. Sich Sorgen zu machen, ist immer noch besser, als Däumchen drehen.

Aufgrund dieser fünf Denkfehler erhalten Sie Ihre Sorgen am Leben, bis entweder das Ereignis eingetreten ist oder Sie sich sicher sind, daß es nicht eintreten wird.

Sich Sorgen zu machen, ist ein selbstschädigendes und sinnloses Verhalten. Alles, was Sie dadurch erreichen, sind schlaflose und qualvolle Nächte und ein miserables körperliches und seelisches Befinden.

Aus den fünf Denkfehlern können wir nun ableiten, wie man es anders machen kann.

Strategien zur Überwindung Ihrer Sorgen

1. Überlegen Sie, wie wahrscheinlich es ist, daß das eintritt, was Sie befürchten. Welche Anhaltspunkte haben Sie dafür, daß die Wahrscheinlichkeit so groß ist, wie Sie vermuten?

   Wenn wir uns in Angst versetzen, dann sind wir uns sehr sicher, daß das eintreten wird, was wir befürchten. Oftmals überschätzen wir jedoch die Wahrscheinlichkeit. Geben Sie sich also eine ehrliche und möglichst objektive Antwort auf die Frage, wie sicher es ist, daß das Ereignis auch tatsächlich eintreten wird.

2. Kommen Sie zu dem Schluß, daß mit großer Wahrscheinlichkeit damit zu rechnen ist, dann überlegen Sie, ob Sie das Ereignis durch konkrete Schritte verhindern können. Stellen Sie fest, daß Sie nichts tun können, um es zu verhindern, dann überlegen Sie, was Sie jetzt tun können, um die Folgen des Ereignisses zu mindern. Überlegen Sie ferner, was Sie am Tage X an konkreten Schritten unternehmen können, um damit fertig zu werden.

   Wenn Sie beispielsweise befürchten, entlassen zu werden, dann können Sie sich schon jetzt in der Tageszeitung, beim Arbeitsamt oder bei Kollegen informieren, ob es anderswo freie Stellen gibt. Sie können Bewerbungen schreiben und für den Tag X vorbereiten, so daß Sie diese nur noch abzuschicken brauchen.

3. Überlegen Sie genau, welche Konsequenzen mit dem Eintritt des Ereignisses verbunden sind. Achten Sie dabei sehr genau darauf, ob die Konsequenzen tatsächlich so negativ sind, wie Sie im Moment denken, oder ob Sie nicht übertreiben.

   Im Fall der drohenden Entlassung könnten Sie sich also fragen: „Reicht mir das Arbeitslosengeld? Ja/Nein. Wenn nein, was kann ich kurzfristig unternehmen, um meine Kasse etwas aufzufüllen?"

Weitere Einschlafhilfen

1. Machen Sie im Bett die Muskelentspannungsübung, die ich in Kap. 11 beschreibe. Diese Übung hilft Ihnen, die während des Tages aufgebauten Spannungen abzubauen. Viele meiner Patienten erreichen durch diese Entspannungsübung im Bett, daß sie gut einschlafen können. Sehr hilfreich ist es, wenn Sie sich die Anweisungen auf eine Kassette sprechen und diese abhören, während Sie im Bett liegen. Wenn Sie etwas Übung in dieser Entspannungstechnik haben, wird es Ihnen nicht selten passieren, daß Sie während der Übung einschlafen. Ihr Rekorder schaltet sich automatisch ab, wenn die Kassette zu Ende ist, so daß Sie sich darum keine Gedanken machen brauchen.

2. Erzwingen Sie den Schlaf nicht. Viele Menschen liegen im Bett und versuchen mit aller Gewalt einzuschlafen. Das ist genauso, als wollten Sie sich mit aller Gewalt entspannen. Das kann nur schiefgehen.

   Viele halten sich tatsächlich dadurch wach, indem sie sich ständig einreden, jetzt endlich schlafen zu müssen. Sie regen sich furchtbar darüber auf, daß sie immer noch nicht schlafen, schon wieder eine Stunde wachliegen und nur noch sechs Stunden Schlaf haben. Jede Minute mehr, die Sie wachliegen, sehen sie als eine Katastrophe an.

   Beruhigen Sie sich. Sie können den Schlaf nicht erzwingen. Was ist so schlimm daran, wenn Sie heute Nacht weniger oder vielleicht gar nicht schlafen? Sicher, Sie werden morgen dann etwas müde sein oder sich wie gerädert fühlen, aber was soll's? Dann verrichten Sie morgen Ihre Arbeit eben nur zur Hälfte. Ihre Arbeit läuft Ihnen nicht davon.

Ja, Sie können morgen sogar den Tag zuhause bleiben, wenn Sie feststellen, daß Sie hundemüde sind. Das wäre sicherlich nicht das erste Mal, daß Sie bei der Arbeit fehlen. Was haben Sie also zu verlieren? Genau betrachtet nichts. Also sehen Sie Ihrem Schlaf gelassen entgegen, und soll ich Ihnen etwas verraten: Sie werden schlafen.

3. Wenn Sie jedoch längere Zeit ruhig im Bett liegen und geduldig auf Ihren Schlaf warten, und er kommt nicht, dann verlassen Sie das Bett. Stehen Sie auf und setzen sich auf einen Stuhl, lesen etwas, machen Handarbeiten, hören Radio oder betätigen sich im Haushalt. Tun Sie irgendetwas außerhalb des Bettes, und erst wenn Sie Müdigkeit aufkommen spüren, gehen Sie wieder ins Bett. Wiederholen Sie das Ganze, wenn es beim ersten Mal nicht klappt, und denken Sie daran: Sie müssen nicht schlafen.

4. Wenn Sie einen Beruf ausüben, bei dem Sie viel mit Ihrem Kopf arbeiten, dann kann es sein, daß Sie zwar geistig, aber nicht körperlich müde sind. In diesem Fall wirken sportliche Aktivitäten wahre Wunder. Machen Sie am Abend einen Spaziergang vor dem Schlafengehen. Machen Sie Gymnastik oder betätigen Sie sich am Feierabend sonstwie körperlich.

5. Benutzen Sie Ihr Bett nur zum Schlafen. Wozu sonst, werden Sie nun vielleicht denken? Nun, es gibt Menschen, die das Bett benutzen, um während des Tages darin zu lesen, fernzusehen oder um die Zeit totzuschlagen. Vor allem depressive Menschen verbringen viel Zeit im Bett, ohne die Absicht zu haben, zu schlafen. Das Bett ist für sie eine Art Aufenthaltsraum.
Wenn Sie unter Schlafproblemen leiden, dann sollten Sie das nicht tun. Reservieren Sie sich das Bett zum Schlafen oder für Sex.

6. Vermeiden Sie es, während des Tages und vor allem am

Spätnachmittag länger als 30 Minuten zu schlafen. Schlafen Sie länger, dann hat Ihr Körper am Abend nicht mehr das Bedürfnis zu schlafen. Er ist dann ausgeruht.

Wenn keiner der Wege, die ich Ihnen hier vorgeschlagen habe, zum Erfolg führt, dann suchen Sie einen Arzt auf. Vielleicht haben Ihre Schlafprobleme eine medizinische Grundlage. Vermeiden Sie es aber auf jeden Fall, sich mit Schlaftabletten vollzupumpen. Es gibt ganz wenige Ausnahmen, wo ich es für angezeigt halte, Schlaftabletten zu nehmen, und dann auch nur für wenige Tage. Eine solche Ausnahme ist beispielsweise, wenn Sie gerade entgiftet sind und Ihr Körper noch mit den Folgen des Alkohols zu kämpfen hat.

Viele Ärzte werden Sie bedenkenlos mit Schlaftabletten versorgen, aber Sie tun sich damit keinen Gefallen. Vielleicht schlafen Sie tatsächlich, aber Sie helfen sich damit nicht auf Dauer. Ihr Körper verändert nämlich seinen Schlafrhythmus unter Schlaftabletten und schon nach ein bis zwei Wochen haben Sie Einschlafprobleme wegen der Schlaftabletten. Sie können dann noch schwerer ohne Tabletten einschlafen. Ganz abgesehen davon können Sie jedoch von diesen Medikamenten in der Regel körperlich abhängig werden. Ganz sicherlich werden Sie aber in ganz kurzer Zeit psychisch von den Medikamenten abhängig und glauben dann, nur noch mit der Tablette einschlafen zu können.

Also Hände weg von Schlafmitteln.

Kapitel 11
Wie Sie sich entspannen können

Der wahrscheinlich häufigste Grund, warum Menschen zum Alkohol greifen, ist, um sich zu entspannen. Sei es, um am Feierabend den Streß und die Anspannung des Arbeitstages abzubauen, sei es, um Gefühle des Ärgers oder der Angst zu mindern.

Viele Menschen wissen nicht, wie sie sich entspannen können. Deshalb möchte ich Ihnen zwei Verfahren vorstellen. Es handelt sich um die Spontanentspannung und die Progressive Muskelentspannung. Beide Entspannungsverfahren haben sich als sehr wirksam im Kampf gegen Streß und Anspannung erwiesen.

Die Spontanentspannung

Diese Form der Entspannung ist leicht erlernbar und wirkt schon beim ersten Mal. Sie müssen nicht lange üben, bis Sie ihre entspannende Wirkung verspüren.

Entspannungsanweisung

Atmen Sie etwas tiefer ein als gewöhnlich und atmen in einem Atemzug wieder aus. Zählen Sie nun in Gedanken von 1 bis 5 oder 8 und atmen dann wieder ein, und **ohne** den Atem nach dem Einatmen anzuhalten, atmen Sie in einer Bewegung wieder aus, halten den Atem nach dem Ausatmen an, zählen wieder von 1 bis 5 oder 8 und atmen dann wieder ein, in einem Atemzug wieder aus, ... usw.

Machen Sie diese Atemübung für 3 bis 5 Minuten bzw. so lange, bis Sie entspannt sind.

Wichtig sind hierbei vor allem zwei Dinge:

1. Halten Sie nach dem Einatmen den Atem nicht an, sondern atmen Sie in einer Bewegung wieder aus. Den Atem also erst nach dem Ausatmen anhalten und dann in Gedanken von 1 bis 5 oder 8 zählen.

2. Wenn Sie den Atem nach dem Ausatmen anhalten, dann zählen Sie unbedingt in Gedanken von 1 bis 5 oder 8. Durch das Zählen lenken Sie sich von ängstlichen und streßerzeugenden Gedanken ab. Entscheiden Sie selbst, wie lange Sie den Atem anhalten. Halten Sie den Atem jedoch nur so lange an, wie es für Sie gerade noch angenehm ist.

Wenn Sie etwas entspannt sind, dann können Sie diesen Zustand der Entspannung noch dadurch vertiefen, daß Sie eine kleine Vorstellungsübung machen. Stellen Sie sich vor, Sie seien an einem für Sie sehr schönen und angenehmen Ort, an dem Sie sich sehr wohl fühlen. Das kann eine Wiese sein, auf der Sie an einem lauen Sommertag liegen, oder der weiche warme Sand am Strand, oder ein schneebedeckter Berg, auf dem alles ruhig und friedlich ist. Verweilen Sie bei dieser Vorstellung einige Minuten und fühlen sich wohl.

Diese kleine Entspannungsübung können Sie immer dann einsetzen, wenn Sie sich angespannt, unruhig oder ängstlich fühlen. Sie können sie mit offenen oder geschlossenen Augen machen, im Stehen oder im Liegen.

Die Progressive Muskelentspannung

Diese Form der Entspannung beruht auf dem kurzzeitigen Anspannen und Entspannen der Muskulatur. Das Ziel ist ein Zustand völliger Muskelentspannung. Diese Form der Entspannung erlaubt es Ihnen, sich in einen tiefen Zustand der Entspannung zu versetzen, der sich positiv auf Ihre Organe,

Ihren Körper und Ihre Stimmung auswirkt.

Entspannungsanweisung

Wählen Sie einen ruhigen Raum aus, in dem Sie für die nächsten 30 Minuten nicht gestört werden. Nehmen Sie in einem bequemen Stuhl Platz oder legen Sie sich flach auf eine Unterlage. Die Arme sind leicht angewinkelt.

Die Entspannungsübung besteht darin, daß Sie eine bestimmte Muskelgruppe zuerst anspannen und dann entspannen. Für jede Muskelgruppe machen Sie diese Übung 2 Mal. Spannen Sie die Muskeln so fest an wie möglich, ohne daß Ihnen die Anspannung Schmerzen bereitet, halten die Anspannung für 5 Sekunden und entspannen dann wieder. Wenn Sie die Muskeln anspannen und entspannen, dann achten Sie nur auf die Anspannung bzw. die Entspannung. Lassen Sie die Muskeln ca. 15 Sekunden im entspannten Zustand und genießen die Entspannung.

Hier ist eine Liste der Muskelgruppen, die Sie durch diese Vorgehensweise entspannen können. Beginnen Sie mit der ersten auf der Liste befindlichen Muskelgruppe, spannen an, halten die Anspannung für fünf Sekunden, entspannen, spannen nochmals an, entspannen wieder, lassen die Muskeln 15 Sekunden im entspannten Zustand, und gehen dann zur nächsten auf der Liste befindlichen Muskelgruppe über.

1. **Hände.** Spannen Sie Ihre rechte Hand (wenn Sie Linkshänder sind, die linke Hand) an, indem Sie eine Faust machen. Nach 2-maligem Anspannen und Entspannen gehen Sie zur anderen Hand über und machen das Gleiche.
2. **Bizeps.** Beugen Sie beide Arme ganz fest und ziehen Sie die Unterarme zu den Schultern.
3. **Schultern.** Ziehen Sie Ihre Schultern fest nach oben, so als ob Sie Ihre Ohren damit berühren wollten.

4. **Stirn.** Runzeln Sie Ihre Stirn, indem Sie Ihre Augenbrauen fest nach oben ziehen.
5. **Augen.** Schließen Sie Ihre Augen ganz fest.
6. **Mund.** Pressen Sie die Lippen ganz fest aufeinander.
7. **Nacken.** Beugen Sie Ihren Kopf ganz fest nach hinten gegen Ihren Rücken.
8. **Brust.** Holen Sie ganz tief Luft und halten Sie die Luft für ein paar Sekunden an.
9. **Beine.** Ziehen Sie beide Beine ganz fest an, als wollten Sie mit Ihren Knien Ihr Gesicht berühren.
10. **Füße.** Beugen Sie Ihre Fußzehen fest in Richtung Ihres Gesichtes.

Wenn Sie all diese Muskeln 2 Mal angespannt und entspannt haben, dann liegen Sie einfach noch für eine Weile ganz entspannt da und genießen diesen schönen Zustand der Entspannung.

Die Entspannung können Sie jetzt noch vertiefen, indem Sie sich auf Ihren Atem konzentrieren. Sprechen Sie beim Einatmen das Wort „Ein" und beim Ausatmen das Wort „Aus". Lassen Sie Ihren Atem einfach fließen und spüren Sie, wie Sie mit jedem Ausatmen noch entspannter und ruhiger werden.

Sehr hilfreich ist es, wenn Sie sich die Anweisung für die Entspannung auf eine Kassette sprechen. Wenn Sie das tun, dann sprechen Sie in der „Du-Form", d.h. sagen Sie beispielsweise: „Nun balle deine Hand ganz fest zu einer Faust, halte die Spannung, spüre wie angespannt du bist und entspanne die Hand wieder. Genieße das angenehme Gefühl in deiner Hand". Sprechen Sie die Anweisungen für die übrigen Muskelgruppen in entsprechender Weise.

Es gibt viele verschiedene Wege, sich zu entspannen. Die beiden, die ich Ihnen vorgestellt habe, sind nur eine kleine Auswahl. Selbstverständlich können Sie sich auch ein anderes

Entspannungsverfahren aneignen, wie etwa das Autogene Training. Sie können auch Yoga lernen und meditieren. Finden Sie selbst heraus, welche Form der Entspannung Ihnen am besten liegt.

Wenn Sie in der Lage sind, sich jederzeit zu entspannen, dann haben Sie eine gute und ungefährliche Alternative zum Alkohol. Sie kennen dann andere Wege, um sich gut zu fühlen, und sind nicht mehr auf den Alkohol angewiesen.

Konzentriere Dich auf Deine Stärken, nicht auf Deine Schwächen.

Teil III

Alltägliche Situationen aus dem Leben Alkoholabhängiger

In den folgenden Kapiteln werden wir uns eine Reihe typischer Situationen aus dem Alltag Alkoholabhängiger ansehen. Diese Kapitel sind vor allem dann für Sie wichtig, wenn Sie sich in Kur befinden oder befunden haben, bzw. wenn Sie aufgrund Ihrer körperlichen Abhängigkeit vom Alkohol nicht mehr in der Lage sind, kontrolliert zu trinken.

Kapitel 12

Mißtrauen des Partners
Der Fall Jürgen

Jürgen ist 40 Jahre alt. Er arbeitet als Redakteur bei einer großen Tageszeitung. In seiner Abteilung ist es ganz normal, daß jeder eine mehr oder weniger große Menge Alkohol an seinem Arbeitsplatz trinkt. Es heißt dort, man könne damit besser den Streß ertragen.

Jürgen hat sich im Laufe der Jahre jedoch so an den Alkohol gewöhnt, daß er sich davon abhängig gemacht hat. Er stellt mehr und mehr fest, daß er seiner Arbeit nicht mehr im vollen Umfang nachkommen kann. Er entschließt sich deshalb, eine sechswöchige Entziehungskur zu machen.

Seit 3 Tagen ist er nun wieder zu Hause. Seine Frau macht sich tagsüber häufig Gedanken, ob er am Abend trocken von der Arbeit nach Hause kommt. Was am vierten Tag nach der Arbeit passiert, beschreibt Jürgen so:

„Ich komme nach Hause und meine Frau sagt zu mir: <Guten Abend> und schaut mir dabei eine Weile in die Augen. Sofort kommt mir der Gedanke: „Das ist ja furchtbar. Jetzt gebe ich mir so viel Mühe und dann schaut sie mich ständig so mißtrauisch an“. Ich bin ziemlich verärgert und spreche an diesem Abend kaum ein Wort mit meiner Frau“.

Jürgen hat diesen Vorfall und seine Gedanken einmal genauer unter die Lupe genommen. Dabei stellt er fest, daß er sehr negativ gedacht hatte. Er stellte vor allem drei Denkfehler fest:

1. Er hatte versucht, bei seiner Frau Gedanken zu lesen.
2. Er hatte übertrieben verallgemeinert, indem er dachte, seine Frau schaue ihn *ständig* so mißtrauisch an.
3. Er hatte übertrieben negativ gedacht, indem er sich einredete, das sei furchtbar.

Nachdem er seine Denkfehler herausgefunden hatte, formulierte er folgende realistische und hilfreiche Gedanken:

„Ich weiß nicht, ob sie mir mißtraut. Das kann ich nur erfahren, indem ich sie danach frage. Aber selbst wenn sie mir mißtraut, dann hat sie ein Recht dazu. Ich habe ihr oft genug gesagt, daß ich nicht mehr trinken werde, und dann habe ich doch wieder getrunken. Ihr mögliches Mißtrauen ist für mich kein Grund, aus der Fassung zu geraten und den Beleidigten zu spielen. Ich kann es ertragen und damit fertig werden".

Ähnlich wie Jürgen geht es den meisten Alkoholabhängigen, die nach einer Kur nach Hause zurückkehren. Zu tief ist das Mißtrauen und zu groß ist die Angst des Partners vor einem Rückfall. Auch Jürgens Frau konnte sich davon nicht von heute auf morgen freimachen.

Jürgen hatte in der Vergangenheit so oft versprochen, nicht mehr zu trinken, und dann hatte er doch wieder getrunken. Es ist verständlich, wenn seine Frau tatsächlich mißtrauisch ist.
Jedes Zu-spät-nach-Hause-Kommen und jede Stimmungsschwankung des Partners ist für sie Anlaß zu erneuter Angst und Besorgnis.

Auf der anderen Seite fühlt sich Jürgen wie viele trockene Alkoholabhängige schuldig für sein vergangenes Trinken. Er ist deshalb sehr empfindlich und verletzbar gegenüber der leisesten Kritik.

Beide, Jürgen und seine Frau, müssen erst wieder lernen,

miteinander umzugehen. Jeder von ihnen muß sich an eine neue Situation gewöhnen und sich in ihr zurechtfinden. Das braucht Zeit und die Bereitschaft, neu zu beginnen.

Jürgen kann das Seine dazu beitragen, indem er nicht mehr trinkt und seiner Frau zugesteht, mißtrauisch und ängstlich sein zu dürfen. Mit der Zeit seiner Trockenheit wird auch seine Frau wieder Vertrauen zu ihm fassen. Das kann jedoch Monate, ja vielleicht sogar Jahre dauern, bis es soweit ist.

Lassen Sie Ihrem Partner Zeit, wieder Vertrauen zu Ihnen zu fassen. Er bemüht sich wahrscheinlich, Ihnen ein guter Partner zu sein, auch wenn es für Sie nicht immer den Anschein hat. Aber auch Ihr Partner hat Schwächen und Probleme. Auch er hat Ängste. Gestehen Sie ihm zu, mißtrauisch sein zu dürfen. Er will zu Ihnen wieder Vertrauen fassen, aber er braucht Zeit, um Ihnen nach all Ihren Lügen wieder zu vertrauen. Und dann sind da noch die Verletzungen, die Bitterkeit, ja vielleicht sogar Haßgefühle, die sich aus der Zeit aufgestaut haben, als Sie noch getrunken haben. Ihr Partner braucht Zeit, bis er Ihnen verzeihen kann, und er braucht Zeit, um sich auf ein neues Leben mit Ihnen einzustellen. Haben Sie Geduld mit ihm, wie auch er mit Ihnen Geduld hatte.

Es gibt nur einen Menschen,
der Dein Leben ändern kann:

Du selbst.

Kapitel 13

Die Angst vor Ablehnung
Der Fall Rolf

Rolf ist 50 Jahre alt und Ingenieur in einer großen Automobilfirma. In den letzten Jahren bemerkt er bei sich eine nachlassende körperliche und geistige Leistungsfähigkeit. Er ist häufig müde und abgespannt.

Unter dem Konkurrenzdruck jüngerer Mitarbeiter fällt es ihm immer schwerer, den täglichen Anforderungen nachzukommen. Schon morgens vor der Arbeit braucht er ein paar Schnäpse, um „auf Touren" zu kommen. Im Laufe des Tages nutzt er jede Gelegenheit, um seinen Alkoholspiegel aufzufrischen. Er sucht nach Ausreden wie: „Ich muß mir Zigaretten holen" oder „Ich muß mal kurz in die Abteilung x oder y", um auf der Toilette ein paar Schluck aus seinem Flachmann nehmen zu können.

Nach der Arbeit trinkt er dann häufig zu Hause eine Flasche Wein, um sich zu entspannen, wie er sagt. Er ist dann oft sehr aggressiv gegenüber seiner Frau.

Eines Tages reicht es seiner Frau. Sie verläßt ihn und reicht die Scheidung ein. Nach einigen Fehlentscheidungen bei seiner Arbeit unternimmt er auf Druck der Firmenleitung eine Entziehungskur. Danach lernt er durch eine Annonce in der Zeitung eine Frau kennen und verabredet sich mit ihr.

Rolf beschreibt das Treffen mit dieser Frau so:

„Wir sitzen im Lokal und wollen etwas essen. Als der Ober kommt und unsere Bestellung aufnehmen will, kommt mir sofort der Gedanke: Was mache ich nur? Wenn ich einen Sprudel bestelle, wird sie bestimmt bemerken, daß mit mir etwas nicht stimmt. Das wäre das Ende. Sicher ist das mein erstes und letztes Treffen mit ihr, wenn sie erfährt, daß ich alkoholabhängig bin. Ich fühlte mich auf einmal furchtbar angespannt und ängstlich. Gott sei dank habe ich mir aber doch nur etwas Nicht-Alkoholisches bestellt".

Rolf hat diese Situation zum Anlaß genommen, um in der Therapie, die er zur Stabilisierung seiner Kur machte, darüber zu sprechen. Er hat erkannt, daß er sich durch seine ängstlichen Gedanken sehr geschadet hat und beinahe wieder zum Glas gegriffen hätte. Als er seine Gedanken überprüfte, stellte er fest, daß er vor allem zwei Denkfehler begangen hatte:

1. Sein Denken war übertrieben negativ, indem er dachte, es sei das Ende, wenn seine neue Bekannte feststellen würde, daß er ein Alkoholproblem hat.
2. Er tat so, als könne er in die Zukunft schauen und wissen, daß sie überhaupt etwas bemerken wird.

Rolf hat daraufhin folgende hilfreiche und positive Alternative formuliert:

„Ich weiß nicht, was sie denken wird, wenn ich einen Sprudel bestelle. Sehr wahrscheinlich wird sie sich gar nichts dabei denken. Ich denke nur immer gleich, daß mir jeder ansehen müßte, daß ich Probleme mit dem Alkohol hatte. Selbst aber wenn sie mich darauf anspricht, kann ich ihr ruhig sagen, daß ich kein Freund von Alkohol bin. Am besten wäre es freilich, ich würde ihr die Wahrheit sagen. Es kann sein, daß sie dann nicht mehr an einer Bekanntschaft mit mir interessiert ist, aber das wäre dann auch keine Katastrophe. Wenn ich immer Angst haben muß, sie könnte eines Tages entdecken, daß ich alkoholabhängig bin, und mich dann verlassen, ist das keine gute Basis für eine Partnerschaft. Das Wichtigste ist, daß ich mich akzeptiere. Wenn ich das tue, dann werde ich auch wieder einen neuen Partner finden, der mich so nimmt, wie ich bin".

Hätte Rolf in dieser Situation Alkohol getrunken, dann hätte er sich sehr selbstschädigend verhalten. Einmal garantiert ihm das Trinken von Alkohol nicht, daß aus dieser ersten Begegnung eine feste Beziehung wird. Vielleicht stellt er fest, daß diese Frau doch nicht sein Typ ist. Umgekehrt könnte natürlich auch seine neue Bekannte ihn nicht besonders interessant finden und deshalb an einer weiteren Beziehung nicht interessiert sein.

Wenn nun aber beide feststellen, daß sie sich miteinander verstehen, und Rolf trinkt an diesem Abend Alkohol, dann ist die Wahrscheinlickeit sehr groß, daß aus dieser Beziehung nichts wird.

Rolfs Alkoholgenuß würde früher oder später dazu führen, daß er sein Trinken nicht mehr kontrollieren kann. Dies würde seiner neuen Partnerin bestimmt nicht gefallen und sie würde sich von ihm trennen.

Es ist deshalb in Rolfs bestem Interesse, sich etwas Nicht-Alkoholisches zu bestellen. Das kann er jedoch nur, wenn er seine übertriebenen negativen Gedanken abbaut und sich selbst akzeptiert.

Oftmals wird die Wirkung eines Satzes wie: „Ich möchte einen Sprudel" von Alkoholabhängigen überschätzt. Menschen, die kein Alkoholproblem haben, vermuten nicht gleich hinter jedem, der keinen Alkohol trinkt, einen Alkoholabhängigen. Sie sehen einem anderen ja auch nicht an, ob dieser eine Bank ausgeraubt hat oder Alkoholiker ist. Ebensowenig können andere in Sie hineinschauen und Sie als Alkoholabhängigen entlarven.

Es gibt sehr viele Menschen, die prinzipiell keinen Alkohol trinken, weil sie sich nichts daraus machen, oder die nur zu bestimmten Anlässen ein wenig Alkohol trinken.

Ohne Angst und mit einem guten Gefühl können Sie sich

jedoch nur dann in Gesellschaft anderer bewegen, wenn Sie sich und Ihre Abhängigkeit akzeptieren.

Abhängig zu sein, hat nicht das Geringste mit Ihrem Wert als Mensch zu tun. Es ist lediglich eine Schwäche. Deshalb sind Sie nicht schwach und minderwertig.

Ich weiß, das ist leicht gesagt. Ein Abhängiger sagte einmal zu mir: „Ich finde mich zum Kotzen". Ich weiß, daß es für Sie sehr schwierig ist, sich und Ihre Abhängigkeit zu akzeptieren. Sie haben sehr viel falsch gemacht und haben versagt. Dennoch ist es möglich, daß Sie lernen, sich zu akzeptieren. Sie haben getrunken, weil Sie sich nicht leiden konnten, mit sich unzufrieden waren und vor sich und Ihren Problemen flüchten wollten. Fliehen Sie nun nicht wieder vor sich. Stehen Sie zu sich und seien Sie sich ein guter und verständnisvoller Freund.

Wenn andere Sie aufgrund Ihrer Abhängigkeit verurteilen, dann sagt das lediglich etwas darüber aus, welche irrationalen und negativen Gedanken die anderen haben. Die Meinung anderer kann Sie weder verändern noch vernichten, wenn Sie sich selbst respektieren und achten.

Die meisten Beschränkungen
existieren nur
in unserer Vorstellung,
nicht im Leben.

Kapitel 14

Ohne Alkohol ein halber Kerl? Der Fall Holger

Holger ist 22 Jahre alt. Er hat gerade seine erste Entziehungskur hinter sich. Von seinem Therapeuten hat er erfahren, daß er nie mehr in seinem Leben auch nur einen Schluck Alkohol trinken darf, wenn er nicht noch einmal eine solche Kur machen möchte.

Holger war vor seiner Kur ein geselliger Mensch. Fast täglich war er nach der Arbeit mit ein paar Kumpels in der Kneipe gewesen. Dort hat er bis tief in die Nacht hinein getrunken. Er macht sich nun Gedanken, was seine Freunde wohl sagen werden, wenn er nichts mehr trinkt.

Er denkt sich: „Meine Freunde werden mich sicher nicht mehr für voll nehmen und mich auslachen, wenn ich nichts mehr trinke. Dann käme ich mir ziemlich blöd vor. Sie haben ja recht. Man ist eben nur ein halber Kerl, wenn man keinen Alkohol trinkt".

Bei diesen Gedanken fühlte sich Holger sehr ängstlich und er kam sich sehr minderwertig vor.

Als Holger seine Gedanken überprüfte, stellte er fest, daß ihm vor allem zwei Denkfehler unterlaufen waren:

1. Er schaute in die Zukunft und tat so, als wüßte er, wie seine Freunde reagieren werden.
2. Er kritisierte sich ganz schön dafür, daß er keinen Alkohol mehr trinken wollte.

Holger hat sich daraufhin folgende für ihn hilfreiche Alternative zurechtgelegt:

„Ich weiß nicht, wie meine Freunde reagieren werden. Ich gehe einfach mal hin und schaue, was sie dazu sagen. Sollten sie mich tatsächlich auslachen, dann ist das nicht gerade sehr angenehm. Ich bin deshalb jedoch nicht blöd und brauche mich auch nicht zu schämen. Im Gegenteil, meine Entscheidung, nicht mehr zu trinken, ist sehr vernünftig. Es geht schließlich um mich und meine Gesundheit. Ob ich trinke oder nicht, ändert nichts am Wert meiner Person. Ich brauche keinen Alkohol, um ein vollwertiger Mensch zu sein. Ich brauche mir und anderen nicht zu beweisen, daß ich ein Mann bin. Alkohol macht mich nur schwach, und deshalb werde ich auch keinen trinken".

Vor kurzem erzählte mir ein junger Patient folgenden Vorfall. Zusammen mit seinen Eltern saß er am Heiligabend beim Essen. Sein Vater holte eine Flasche Wein aus dem Keller und sagte zu ihm: „Na, Klaus, heute trinkst du doch auch ein Glas Wein mit uns". Als Klaus antwortete: „Nein, ich möchte keinen Alkohol", sagte sein Vater: „Aus dir wird nie ein richtiger Mann werden, wenn du keinen Alkohol trinkst".

Obwohl Klaus kein Alkoholiker war, so machte er sich dennoch nichts aus Alkohol und verweigerte ihn auch. Mit diesem Beispiel möchte ich zweierlei zeigen:

1. In den Köpfen vieler Leute, vor allem der Männer, spukt immer noch der Gedanke herum, Alkohol gehöre einfach dazu, und wer keinen Alkohol trinkt, der ist auch kein richtiger Mann, sondern ein Schwächling.
2. Es gibt viele Menschen, die keinen Alkohol benötigen, um sich als Mann oder Frau vollwertig zu fühlen.

Gerade jedoch bei jungen Menschen gehört das Trinken oder das Rauchen zum Erwachsensein und Erwachsenwerden. Sie haben die Einstellung: Wer nicht trinkt oder raucht, ist auch kein Mann oder keine Frau.

Diese Einstellung ist nicht nur irrational, sondern auch sehr gefährlich, wenn man wie Holger Probleme mit dem Alkohol hat. Wer möchte schon gerne ein Schwächling sein? Wer nimmt es schon gerne in Kauf, von anderen als Milchbübchen angesehen zu werden?

Ist man aber tatsächlich ein Schwächling, wenn man keinen Alkohol trinkt? Wohl kaum. Im Gegenteil. Nicht zu trinken, während andere (sich be)trinken, erfordert sehr viel mehr Stärke, als im Strom mitzuschwimmen.

Das Problem ist nicht so sehr, wie andere einen sehen. Wichtig ist, wie man sich selbst sieht. Halten Sie es für eine Schwäche, keinen Alkohol zu trinken? Fühlen Sie sich minderwertig, wenn Sie in Gegenwart anderer keinen Alkohol trinken? Dann haben Sie Angst, andere könnten genauso über Sie denken und Sie ablehnen. Nur wenn Sie von sich selbst schlecht denken, ist es für Sie schlimm, wenn andere von Ihnen schlecht denken.

Wenn Sie abstinent bleiben und sich dabei gut fühlen wollen, ist es sehr wichtig, daß Sie Ihre negative Einstellung zu sich und Ihrer Abstinenz ändern.

Ebensowenig, wie das Trinken von Alkohol aus Ihnen einen ganzen Kerl macht, verwandeln Sie sich in einen halben Kerl, wenn Sie keinen Alkohol mehr trinken. Sie sind auch „Wer" ohne Alkohol. Sie müssen sich lediglich dafür entscheiden, sich so zu sehen.

Sagen Sie sich: „Ich akzeptiere und mag mich auch, wenn ich keinen Alkohol trinke. Ich bin ein Mann und brauche mir und anderen nichts zu beweisen, indem ich Alkohol trinke. Alkohol macht mich nur schwach, aber nicht stark".

Menschen wie Klaus, den ich eingangs erwähnt habe, fühlen sich auch ohne Alkohol vollwertig. Auch wenn sein Vater anders darüber denkt, sieht sich Klaus als vollwertiger Menschen. Deshalb ist es ihm auch möglich, den Alkohol ohne Probleme abzulehnen, selbst auf die Gefahr hin, von seinem Vater nicht als vollwertiger Mann angesehen zu werden.

Kapitel 15

Geselliges Beisammensein ohne Alkohol: Geht das? Der Fall Joachim

Joachim ist 38 Jahre alt. Seit zwei Jahren hat er es sich zur Gewohnheit gemacht, abends nach der Arbeit mit einigen Freunden in eine Kneipe zu gehen, um - wie er sagt - von der Arbeit abzuschalten.

Ein halbes Jahr ist es jetzt her, daß seine Frau sich von ihm getrennt hat, da sie die ständige Betrunkenheit ihres Mannes nicht mehr mitmachen wollte.

Es fällt ihm zusehends schwerer, seiner täglichen Arbeit nachzugehen, so daß er eines Tages auf Anraten seines Arztes eine Entziehungskur macht.

Dort erfährt er, daß er nie mehr in seinem Lebem auch nur einen Schluck Alkohol trinken darf.

Zuhause trifft er seine alten Bekannten wieder, die ihn zu einem Glas Bier einladen. Trotz mehrmaliger Beteuerung, er trinke keinen Alkohol mehr, lassen seine Freunde nicht lokker.

Joachim beschreibt diese Situation so:

„Als ich meine Freunde zum ersten Mal wieder getroffen habe, gab es ein großes Hallo. Ohne mich zu fragen, bestellten sie mir sofort ein Bier. Als ich das erschrocken ablehnte, sagten sie: „Ein Glas kannst du doch trinken. Das kann dir doch nichts schaden. Wenn du nicht mit uns trinkst, dann ist das ja richtig ungemütlich“. Mir ging der Gedanke durch den Kopf: „Sie haben ja recht. Zum gemütlichen Beisammensein gehört einfach Alkohol". Ich war ziemlich unsicher und überlegte mir zuerst, ob ich nicht, um meine Ruhe zu haben, doch ein Glas mit ihnen trinken sollte".

Dann hat sich Joachim jedoch eines Besseren besonnen. Nach einiger Überlegung stellte er fest, daß sein Gedanke, daß zum gemütlichen Beisammensein Alkohol gehört, ein sehr schädlicher Gedanke war. Er erkannte, daß er sich mit solchen Gedanken nur wieder zum Trinken verführen läßt.

Deshalb machte er sich dann auch folgendes klar:

„Ich kann auch ohne Alkohol lustig sein. Vielleicht bin ich nicht ganz so lustig und ausgelassen wie früher mit Alkohol, aber das macht nichts. Ich bin nicht der einzige Mensch auf dieser Welt, der keinen Alkohol trinkt.

Selbst aber, wenn etwas dran sein sollte, daß zum gemütlichen Beisammensein Alkohol gehört, dann muß ich eben auf diese Art der Gemütlichkeit verzichten. Ich kann mich trotzdem gut fühlen. Wenn ich Alkohol trinke, dann ist es für mich mit der Gemütlichkeit sowieso bald vorbei. Dann schütte ich den Alkohol wieder unkontrolliert in mich hinein. Deshalb entscheide ich mich dafür, keinen Alkohol zu trinken".

In früheren Zeiten haben die Menschen Alkohol getrunken, um die materielle Not und das Elend für kurze Zeit vergessen zu können. Heute wollen uns die Werbung und die Hersteller alkoholischer Getränke einreden, daß zu einem gewissen Lebensstil auch Alkohol gehört.

In Zeitschriften begegnen wir Sätzen wie:

„Der beste Beweis, daß Ihre Einladung ein voller Erfolg wird", „Wo das Angebot den Stil des Hauses bestätigt", „Mehr Freude mit ...". In diesen oder ähnlichen Werbesprüchen tauchen immer wieder ganz bestimmte Wörter in Verbindung mit Alkohol auf: Kenner, Feinschmecker, Genießer, Freude, Ausgeglichenheit, usw.

Wer möchte nicht auch ein Genießer und Kenner sein?

Wer von uns sucht nicht auch Freude und Ausgeglichenheit?

Ist es aber wirklich ein Zeichen von Kenner- und Feinschmeckertum, wenn man diesen oder jenen Wein oder Schnaps trinkt? Glauben Sie der Zigarettenwerbung, daß das Rauchen einer Zigarette Ihnen das Gefühl von Freiheit und Abenteuer bringt? „Natürlich nicht“, werden Sie sagen, „das ist ja nur Werbung“. Warum aber sollte das Trinken von Alkohol ein Zeichen von Genießer- und Kennertum sein? Es gibt darauf meines Erachtens nur eine Antwort: Das ist nur Werbung und eine Frage der Gewohnheit.

Laut der Deutschen Hauptstelle gegen die Suchtgefahren (DHS) trinken etwa 20 Prozent der Deutschen keinen oder kaum Alkohol. Sie tun das nicht etwa, weil sie alkoholabhängig sind oder ihre Gesundheit das Trinken von Alkohol nicht erlauben würde. Nein, für sie gehört der Alkohol nicht zur Steigerung der Lebensqualität. Für sie bedeutet es auch keinen Verzicht, keinen Alkohol zu trinken. Das Schlüsselwort ist hier Gewohnheit. Es ist lediglich eine Frage der Einstellung und der Gewohnheit, ob Sie es mit oder ohne Alkohol gemütlich finden, mit anderen in einer Runde zu sitzen.

Sicher, am Anfang wird es ungewohnt sein. Aber es ist nur eine Frage der Zeit, bis Sie sich und die anderen daran gewöhnt haben, daß Sie keinen Alkohol mehr trinken.

Tatsächlich steigert Alkohol nicht die Gemütlichkeit. Das passiert nur in den Köpfen der Leute. Wenn Sie Nichtraucher sind, dann werden Sie auch nicht sagen: „Ein schönes Essen ohne eine Zigarette danach ist kein Genuß“. Sie vermissen die Zigarette überhaupt nicht. Wenn Ihnen andere davon vorschwärmen, welch ein Genuß eine Zigarette nach dem Essen sei, dann werden Sie es sicher nicht bedauern, nicht zu rauchen. Und warum? Weil Ihnen das Rauchen nichts bedeutet und Sie ihm nichts abgewinnen können. Das ist eine Einstellungssache. Sie könnten sich jedoch antrainieren, dem Rauchen etwas abzugewinnen. Sie könnten lernen, die Einstellung zu haben: „Eine Zigarette nach dem Essen ist ein Genuß“.

Ebenso können Sie sich daran gewöhnen, dem Nicht-Trinken etwas abzugewinnen. Das ist lediglich eine Frage des Trainings.

Halten Sie sich auch einmal folgendes vor Augen: Viele Menschen halten aus gesundheitlichen Gründen Diät oder nehmen Medikamente ein, um damit ihr Leben zu verlängern. So etwa Diabetiker. Diese Menschen können sich ihr Leben ganz gut ohne Zucker einrichten.

Es sind Menschen, die bei jeder Einladung zum Kaffeetrinken und Kuchenessen nur ihre spezielle Diabetiker-Kost zu sich nehmen können, oder - falls nicht vorhanden - dankend ablehnen müssen.

So wie der Diabetiker seine zuckerlose Diät einhält, so können auch Sie Ihre alkoholfreie Diät einhalten, ohne damit für den Rest Ihrer Tage ein tristes und eintöniges Leben führen zu müssen.

Natürlich muß ein Diabetiker nicht seine Diät einhalten. Er kann Zucker essen, aber damit schadet er sich und seinem Körper. Er darf Zucker essen, niemand kann es ihm verbieten, aber es ist nicht in seinem besten Interesse.

So ist es bei Ihnen, wenn Sie alkoholabhängig sind. Niemand kann Ihnen verbieten, Alkohol zu trinken. Sie tun sich und Ihrer Gesundheit jedoch einen großen Gefallen, wenn Sie abstinent bleiben.

Wenn Sie zu sich sagen: „Ich darf keinen Alkohol mehr trinken“, dann sagen Sie damit auch gleichzeitig, „wie schade“. Sie empfinden das Verbot, das Sie sich aussprechen, als eine Einschränkung und einen Verlust Ihrer persönlichen Freiheit.

Die Aussage „Ich darf keinen Alkohol mehr trinken“ entspricht jedoch nicht den Tatsachen. Wenn Sie bereit sind, die negativen Konsequenzen Ihres Alkoholkonsums für sich und

Ihre Gesundheit in Kauf zu nehmen, dann können Sie weitertrinken. Das ist kein Freibrief für Sie, zu trinken. Ich möchte lediglich sagen, daß es ganz alleine Ihre Entscheidung ist, wenn Sie nichts mehr trinken.

Diese Entscheidung sollten Sie aus Einsicht und nicht aus falsch verstandenem Zwang treffen. Anstatt sich zu sagen: „Ich darf keinen Alkohol mehr trinken", ist es hilfreicher und richtiger, wenn Sie sich sagen: „Ich entscheide mich dafür, keinen Alkohol mehr zu trinken, da ich mir damit schade". Auf diese Weise fällt es Ihnen leichter, Ihre Abstinenz zu bejahen und abstinent zu bleiben. Sie bringen damit zum Ausdruck, daß es Ihr freier Wille ist, so zu handeln.

Wie Sie Alkohol ablehnen können

Wie Sie angebotenen Alkohol ablehnen, hängt sicherlich davon ab, mit wem Sie zusammen sind. Letzlich läuft es jedoch auf dasselbe hinaus: nichts trinken.

In den meisten Fällen genügt es, wenn Sie sagen: „Nein danke, ich möchte keinen Alkohol".

Wenn Sie Alkohol derart ablehnen, dann werden viele akzeptieren, daß Sie keinen Alkohol trinken, und werden nicht versuchen, Sie dazu zu animieren. Aber es wird natürlich auch den einen oder anderen geben, der entweder nicht um Ihre Krankheit weiß oder nicht informiert ist, daß bereits ein Glas für Sie zuviel ist, oder der ganz einfach sich einen dummen Spaß daraus machen will, Sie zu verführen. Manch einer wird aber auch nicht verstehen, warum Sie auf einmal nichts mehr trinken dürfen sollten. Schließlich haben Sie mit ihm früher doch so häufig einen über den Durst getrunken. Vielleicht faßt er Ihr „Nein" als einen Spaß auf, den Sie mit ihm machen wollen.

Wie dem auch sei: Wenn jemand Sie zu überreden versucht, indem er sagt: „Na komm, ein Glas kannst du doch trinken“ oder „Was ist los, du verträgst wohl nichts“, dann genügt es, wenn Sie Ihr Nein wiederholen. Sagen Sie es diesmal etwas bestimmter.

Sie können auch zu einer Ausrede greifen wie: „Mein Arzt hat es mir verboten“. Der Nachteil einer solchen Ausrede ist jedoch, daß ja irgendwann einmal keine medizinischen Gründe mehr vorliegen können, die dagegen sprechen, etwas zu trinken. Dann müssen Sie wieder begründen, warum Sie nichts trinken. Deshalb empfehle ich diese Taktik nicht.

Beharrt der andere auch nach dem zweiten „Nein“ noch darauf, daß Sie etwas trinken, - dies kommt sehr selten vor -, dann ist es vielleicht ratsam, die Gesellschaft dieses Menschen zu meiden.

Denken Sie stets daran: Wenn Sie dem andern den Gefallen tun und etwas trinken, dann tun Sie ganz bestimmt einem Menschen keinen Gefallen: sich selbst.

Engeren Freunden und Bekannten empfehle ich, die Wahrheit zu sagen. Meist wissen diese schon Bescheid, auch wenn Sie glauben, daß diese Ihnen nicht angemerkt haben, was mit Ihnen los ist.

„Soll ich die Gesellschaft anderer meiden, die Alkohol trinken?“

Diese Frage kann ich so weder eindeutig mit ja, noch mit nein beantworten. Grundsätzlich würde ich nein sagen. Sie und ich leben in einer Welt, in der Tag für Tag viel Alkohol getrunken wird. Es ist wichtig, daß Sie sich daran gewöhnen und lernen, damit umzugehen. Das können Sie aber nur lernen, wenn Sie sich in die Gesellschaft anderer begeben, die trinken.

Auf der anderen Seite mag es sein, daß Sie anfänglich sehr

unsicher sind und befürchten, Sie könnten sich durch das Trinken anderer „anstecken“ lassen und auch trinken. In diesem Fall mag es für Sie hilfreich sein, sich die ersten Wochen von „Trinkgelagen“ fernzuhalten, bis Sie ein gewisses Maß an Sicherheit entwickelt haben. Entscheidend ist aber auch hier Ihre Einstellung.

Wenn Sie sich sicher sind,
daß für Sie der Alkohol tabu ist,
dann wird niemand Sie zum Trinken
verleiten können.

Kapitel 16

Schuldgefühle: warum sie schädlich sind
Der Fall Christine

Christine ist 34 Jahre alt und seit 10 Jahren verheiratet. Nach ihrem ersten Kind im Alter von 27 Jahren hat sie ihren Beruf als Chemielaborantin an den Nagel gehängt, um sich ganz ihrem Kind widmen zu können.

Anfänglich hat sie diese Aufgabe vollkommen ausgefüllt. Sie bereute es nicht, ihren Beruf aufgegeben zu haben. Seit zwei Jahren jedoch wird sie immer unzufriedener. Sie möchte wieder in ihren alten Beruf zurück, aber ihr Mann hat dafür kein Verständnis. Es kommt immer häufiger zu Streit und Auseinandersetzungen mit ihrem Mann. Dabei ist dann immer Alkohol mit im Spiel.

Christine fängt schon morgens an zu trinken und bis zum Abend hat sie gut zwei Flaschen Sekt getrunken. Ihre Ehe leidet sehr darunter. Nachmittags legt sie sich oft energielos und abgespannt ins Bett, um erst kurz vor dem Nachhausekommen ihres Mannes wieder aufzustehen.

Auf Drängen ihres Mannes macht Christine schließlich eine sechswöchige Entziehungskur. Dort wird ihr immer mehr bewußt, wie falsch sie sich verhalten hat, und was sie ihrem Mann und dem Kind durch ihr Trinken angetan hatte. Lesen Sie, welche Gedanken sich Christine machte:

„Wie konnte ich meiner Familie all das antun? Ich hätte das nicht tun dürfen. Ich hätte wissen müssen, daß ich meinem Mann damit weh tue. Ich hätte mich nicht so gehen lassen dürfen“.

Diese Gedanken machten Christine sehr deprimiert und

verzweifelt. Zusammen mit ihrem Therapeuten sprach sie in der Kur über ihre Schuldgefühle. In diesen Gesprächen erkannte Christine, daß sie weder sich noch ihrer Familie einen Gefallen tat, wenn sie sich Schuldgefühle und Vorwürfe machte. Nun konnte sie ihr Trinken und die damit verbundenen Folgen anders sehen. Sie kam zu folgender Schlußfolgerung:

„Es stimmt, daß ich durch mein Trinken meiner Familie geschadet habe. Ich kann das jedoch nicht mehr rückgängig machen, auch wenn ich mir nichts sehnlicher wünsche. Ich habe einen Fehler gemacht, indem ich versucht habe, meine Unzufriedenheit mit Alkohol zu bekämpfen. Das bedaure ich, aber ich wußte mir einfach nicht anders zu helfen. Ich werde aus diesem Fehler lernen und nicht mehr trinken. Wenn ich mir Vorwürfe mache und mich als Versager ansehe, dann hilft das mir und meiner Familie auch nicht. Dadurch mache ich nichts ungeschehen. Ich werde mich deshalb akzeptieren und mir diesen Fehler verzeihen. Dann bin ich auch in der Lage, eine liebevolle Ehefrau und gute Mutter zu sein“.

Wohl jeder Alkoholabhängige fühlt sich für sein Trinken schuldig. Er weiß, daß er falsch gehandelt hat, und verurteilt sich dafür, wie Christine das tat.

Schuldgefühle sind sehr negative Gefühle, die wir alle als Kinder gelernt haben. Wir lernten, uns schuldig zu fühlen, wenn wir in den Augen der Eltern etwas Schlechtes getan haben. Ja, oftmals haben unsere Eltern in der Erziehung Schuldgefühle eingesetzt, um uns zu „anständigen“ Menschen zu erziehen.

Sicherlich kennen Sie Worte wie: „Du sollst dich was schämen, so etwas zu tun“, oder „Du bringst mich noch ins Grab, wenn du so weitermachst“, oder „Ich habe so viel für dich getan und jetzt tust du mir das an“.

Worte wie diese verfehlen ihre Wirkung nicht. Mit der Zeit brauchten unsere Eltern gar nichts mehr zu sagen. Wir fühlten uns automatisch schuldig, wenn wir glaubten, etwas „Schlechtes" getan zu haben. So kommt es, daß wir es heute als Erwachsene als ganz normal und selbstverständlich ansehen, uns in bestimmten Situationen schuldig zu fühlen. Hinzu kommt, daß wir gelernt haben, daß wir kalt, herzlos und gefühllos sind, wenn wir uns keine Schuldgefühle machen. Für einen verantwortungsvollen und reifen Menschen, so denkt man, gehört es sich eben, sich schuldig zu fühlen, wenn man etwas Schlechtes tut.

Nun haben Sie vielleicht schon aus meinen Worten herausgelesen, daß ich anderer Meinung bin. Ja, ich bin der Überzeugung, daß Schuldgefühle ebenso unnütz wie schädlich sind. Wieso ich so denke, und warum es wichtig ist, daß auch Sie Ihre Einstellung in diesem Punkt ändern, darüber möchte ich im folgenden sprechen.

Was sind Schuldgefühle?

Schuldgefühle sind Gefühle, die wir uns durch eine bestimmte Art von Gedanken machen. Schuldgefühle machen wir uns also selbst und niemand kann sie uns einreden.

Wenn wir uns Schuldgefühle machen, dann geben wir uns die Schuld für etwas, was wir gesagt oder getan haben, (aber glauben, nicht hätten tun oder sagen dürfen), oder für etwas, was wir versäumt haben zu tun, (aber glauben, nicht hätten versäumen dürfen).

Als Krönung des Ganzen verurteilen wir uns dann als Mensch und betrachten uns als Versager, Niete und fühlen uns minderwertig oder wertlos.

Wir sagen also: Tue ich etwas Schlechtes, dann bin ich auch ein schlechter und nicht liebenswerter Mensch und muß mich dafür verurteilen und bestrafen.

Dieses Sich-Verurteilen und Als-Mensch-Abwerten ist das eigentlich schädliche und Überflüssige an Schuldgefühlen. Es geht nicht darum, alles gutzuheißen, was wir tun. Ganz und gar nicht. Es ist vollkommen richtig, wenn man erkennt: „Da habe ich einen Fehler gemacht". Niemandem ist jedoch damit gedient, wenn man sich als Mensch für diesen Fehler verurteilt.

„Aber wenn man sich keine Schuldgefühle macht, dann besteht doch die Gefahr, daß man skrupellos wird und gerade so weitermacht."

Ich bin anderer Meinung: Menschen, die sich falsch verhalten, tun das in der Regel nicht bewußt, und wenn sie es bewußt tun, dann machen sie sich meist keine Schuldgefühle.

Die häufigsten Gründe, warum Menschen das Falsche tun, sind Unwissenheit, mangelnde Erfahrung und seelische Probleme. Meist ist es so, daß man anfänglich davon überzeugt ist, richtig zu handeln. Erst im nachhinein stellt sich dann heraus, daß man falsch gehandelt hat. Dann verlangt man von sich, daß man das hätte vorhersehen müssen.

Sich keine Schuldgefühle zu machen, bedeutet nicht, daß man sich in einen skrupellosen und rücksichtslosen Menschen verwandelt. Im Gegenteil, ich bin der Überzeugung, daß man nur dann verantwortungsvoll handeln kann, wenn man sich nicht mit Schuldgefühlen geißelt. Schuldgefühle sind nämlich manchmal eine Entschuldigung dafür, etwas immer wieder tun zu dürfen.

Christine hat sich, während sie getrunken hat, stets viele Vorwürfe gemacht. Sie wußte, daß sie sich und ihrer Familie durch ihr Trinken schadet. Sie wußte, daß sie ihre Familie und ihre Arbeit vernachlässigte. Haben all ihre Schuldgefühle sie davon abgehalten, weiterzutrinken? Nein, im Gegenteil. Sie hat weitergetrunken und noch mehr getrunken, um ihre Schuldgefühle erträglicher zu machen. Auch haben Schuldgefühle oft die Aufgabe, nicht mit dem Trinken aufhören zu müssen, und dennoch vor sich und anderen als verantwortungsbewußt dazustehen. Man weiß ja zumindest noch, was sich gehört, und verurteilt sich dafür, daß man sich so schlecht benimmt.

Machen Sie sich Schuldgefühle? Dann verzeihen Sie sich Ihr Trinken und den Schaden, den Sie angerichtet haben. Ich weiß, das ist keine leichte Aufgabe, aber all Ihre Vorwürfe können Ihre Vergangenheit nicht ungeschehen machen.

Das Einzige, was Sie durch Ihre Schuldgefühle erreichen, ist, daß Sie deprimiert sind und dadurch anderen noch mehr zur Last fallen. Tun Sie sich und anderen den Gefallen und verzeihen sich Ihr dummes Verhalten. Das heißt nicht, daß Sie Ihr Trinken gutheißen sollen. Nein, das heißt nur, daß Sie sich dafür nicht ans Kreuz nageln sollen.

Schuldgefühle machen Sie manipulierbar

Wenn Sie sich Schuldgefühle machen, dann sind Sie sehr leicht von anderen manipulierbar. Diese brauchen nur Ihren wunden Punkt anzusprechen und schon tanzen Sie nach deren Pfeife. Sie werden dann oft eigene Bedürfnisse zurückstekken, sich nicht getrauen, Ihrem Partner etwas abzuschlagen (denn Sie stehen ja in seiner Schuld), und sich und Ihre Bedürfnisse vernachlässigen. Die Folge davon wird sein, daß sich eine immer größer werdende Unzufriedenheit bei Ihnen ausbreitet und Sie dadurch wieder Gefahr laufen, zu trinken.

Das heißt natürlich nicht, daß Sie sich nicht darum bemühen sollen, Ihren Fehler wieder gutzumachen. Ich stehe nur auf dem Standpunkt, daß das freiwillig und aus Einsicht geschehen sollte und nicht, weil Sie ein schlechtes Gewissen haben.

Wie Sie Ihre Schuldgefühle abbauen können

1. Hören Sie auf, sich zu sagen: „Ich hätte das nicht tun dürfen". Sagen Sie stattdessen: „Ich bedaure, daß ich getrunken habe. Das war ein Fehler. Aber ich wollte nicht, daß es soweit kommt. Ich habe mir nur nicht anders zu helfen gewußt. Ich werde mich darum bemühen, diesen Fehler nicht mehr zu machen".

2. Es ist in Ordnung, wenn Sie Ihr Verhalten verurteilen, aber verurteilen Sie sich nicht als Menschen. Etwas Schlechtes zu tun, bedeutet nicht, daß Sie sich aufgrund Ihres schlechten Verhaltens in einen schlechten Menschen verwandeln.

Sei Dir selbst nicht Dein schlimmster Kritiker

Der programmierte Rückfall

Abschließend möchte ich nun über die häufigsten Ursachen von Rückfällen sprechen. Dieses Thema mag Sie unangenehm berühren, und Sie mögen gar Hemmungen haben, weiterzulesen, aber tun Sie es trotzdem. Sie erhalten wichtige Einsichten und Techniken, die Ihnen helfen können, trocken zu bleiben. Sie erfahren, wie es für Sie ganz normal und selbstverständlich sein kann, das erste Glas stehen zu lassen.

Jeder Rückfall ist ein programmierter Rückfall! Ich spreche hier vom „programmierten Rückfall", weil ein Rückfall nicht aus heiterem Himmel über Sie hereinbricht. Er ist auch kein Damoklesschwert, das über Ihrem Haupt schwebt, ohne daß Sie verhindern können, daß es herunterfällt.

Wenn Sie zum ersten Glas greifen, dann tun Sie das, weil Sie sich dazu entschlossen haben.

Kapitel 17

Ein Rebell ohne Grund
Der Fall Thomas

Thomas ist 54 Jahre alt und Inhaber eines Spirituosengeschäfts. Seit 10 Jahren trinkt er vorzugsweise Apfelkorn und Likör, die ihm in unbegrenzter Menge zur Verfügung stehen.

Er selbst sagt, daß er lediglich trinke, da ihm das so gut schmecke und er darauf nicht verzichten möchte. Obwohl ihm sein Arzt wegen erhöhter Leberwerte schon mehrmals geraten hat, er solle mit dem Trinken aufhören, hat sich Thomas nie danach gerichtet. Er ist lediglich für einige Zeit etwas „kürzer getreten", bis seine Leberwerte wieder normal waren.

Seine Angestellten, die schon seit 20 Jahren für ihn arbeiten, beschreiben ihn als einen gutmütigen und herzensguten Menschen. Sie wollen ihn nicht verlieren und versuchen Thomas davon zu überzeugen, daß eine Entziehungskur für ihn das Beste ist.

Er selbst wehrt immer ab und meint, daß es so schlimm auch wieder nicht um ihn stehe; schließlich würde er immer noch seinen Mann stehen und sein Geschäft leiten.

Als er aber von Seiten seiner Frau erfährt, daß diese ihn verlassen werde, wenn er nichts gegen sein Trinken unternehme, gibt er schließlich nach und macht um des lieben Friedens willen eine Entziehungskur.

Es dauert jedoch noch nicht einmal 3 Wochen und Thomas hat auch während der Kur wieder getrunken. In der Unterhaltung mit seinem Therapeuten gab Thomas an, seine Frau habe ihn zu dieser Kur gezwungen. Er lasse sich jedoch nicht vorschreiben, was er zu tun habe.

Thomas wollte sich und seine Frau mit seinem Rückfall beweisen: Ihr könnt mich nicht zwingen, mit dem Trinken aufzuhören.

Thomas' Reaktion ist verständlich. Fast jeder, der sich zu etwas gezwungen sieht, versucht zunächst einmal, sich gegen das zu wehren, zu dem er sich gezwungen sieht. Gewöhnlich wehren wir uns, um den anderen zu zeigen, daß wir nicht tun müssen, was diese verlangen.

Würden wir nachgeben und das tun, was andere von uns verlangen, dann würden wir uns damit eingestehen, daß wir schwach und unterlegen sind.

Wer aber will das? Niemand. Und so wehren wir uns und rebellieren.

Wenn wir denken: „Ich habe keine andere Wahl", „Ich werde gezwungen" oder „Ich muß das tun", dann wollen wir uns und anderen beweisen, daß uns niemand zu etwas zwingen kann, was wir nicht wollen. Entweder tun wir dann erst recht nicht, wozu uns der andere zu zwingen scheint, oder aber wir tun es widerwillig und nur um den negativen Konsequenzen zu entgehen.

So lassen sich junge Leute oft ihre Haare nicht schneiden oder ziehen sich besonders provokativ an, um ihren Eltern zu beweisen, daß niemand sie zwingen kann, die Haare kurz zu tragen.

Auch ich machte eine Zeit durch, in der ich mich so verhielt. Auch als mir selbst meine langen Haare schon längst nicht mehr gefielen, habe ich sie nicht schneiden lassen. Meiner Meinung nach wäre das einer glatten Niederlage gleichgekommen. Ich hätte meinen Eltern damit gezeigt, daß sie bestimmen können, was ich zu tun und zu lassen habe. Diesen Triumpf wollte ich ihnen nicht gönnen. Je mehr sie mich kritisierten und von mir verlangten, meine Haare schneiden zu lassen, umso energischer wehrte ich mich dagegen nach dem Motto: „Und jetzt erst recht nicht". Erst als meine Eltern mit diesem leidigen Thema aufhörten und ich mich nicht mehr gezwungen sah, habe ich freiwillig meine Haare schneiden lassen. Nun, so glaubte ich, war es meine freie Entscheidung.

Objektiv betrachtet können uns andere zu nichts zwingen, solange sie keine körperliche Gewalt anwenden. Auch wenn andere uns drohen, uns für unser Verhalten zu bestrafen, so haben wir immer noch die freie Wahl. Wir können wählen, ob wir uns beugen wollen oder nicht und damit das Risiko eingehen, dafür bestraft zu werden. Niemand kann uns zwingen, eine ganz bestimmte Entscheidung zu treffen.

Rebellieren und wehren wir uns, weil wir denken, keine freie Wahl zu haben, dann rebellieren wir gegen etwas, was gar nicht existiert. Wir sind dann „Rebellen ohne Grund".

Rebellen ohne Grund sind Menschen, die sich gegen etwas wehren, um sich und anderen etwas zu beweisen, das keines Beweises bedarf, nämlich daß sie selbst entscheiden, was sie tun.

Thomas fühlte sich so, als ob er keine Wahl habe und ihn seine Frau zu der Kur gezwungen habe. Tatsächlich aber hatte Thomas die Wahl. Er konnte zwischen der Kur und dem Verlassen seiner Frau wählen. Für ihn waren jedoch beide Alternativen gleich unangenehm und so glaubte er, keine Wahl zu haben. Das ist jedoch ein großer Irrtum.

Auch wenn Thomas nur die Wahl zwischen zwei unangenehmen Alternativen hat, so ändert das nichts an der Tatsache, daß er wählen konnte. Niemand hat ihn gezwungen, die eine oder andere Alternative zu wählen. Er war es, der sich entschlossen hat, in Kur zu gehen.

Schauen wir uns einen Gesprächsausschnitt an, in dem Thomas sich mit seinem Therapeuten darüber unterhält.

Therapeut: Warum haben Sie wieder getrunken?

Thomas: Der Hauptgrund ist, daß meine Frau mich gezwungen hat, diese Kur zu machen.

Therapeut: Wie hat sie das denn gemacht?

Thomas: Sie sagte: „Entweder du gehst in Kur oder ich lasse mich scheiden“. Ich bin gegangen, aber mich zwingt niemand. Das lasse ich nicht mit mir machen.

Therapeut: Genau betrachtet hat Sie niemand zu dieser Kur gezwungen. Sie hatten die Wahl, weiterzutrinken und das Risiko einzugehen, daß Ihre Frau Sie verläßt, oder eine Kur zu machen. Sie haben sich für die letztere Alternative entschieden, da sie Ihnen noch als das kleinere Übel erschien. Niemand hat Sie gezwungen, sich so zu entscheiden.

Thomas: Sie nennen das eine Wahl?

Therapeut: Sicher, das ist eine Wahl. Es mag sein, daß es für Sie nicht danach aussieht. Die Tatsache, daß Sie sich dagegen auflehnen, zeigt mir, daß Sie der Meinung sind, Sie seien quasi hergeschleppt worden.

Thomas: Das ist das richtige Wort: Hergeschleppt. Ich fühle mich gerade so, als ob man mich gegen meinen Willen hierher gezerrt hat.

Therapeut: Hat Sie tatsächlich jemand hierher geschleppt?

Thomas: Nein, nicht direkt, aber ich fühle mich so.

Therapeut: Wenn Sie niemand hierhergeschleppt hat, dann sind Sie also freiwillig hier.

Thomas: Ja, ja, aber ich habe nun mal das Gefühl, daß ich gezwungenermaßen hier bin.

Therapeut: Das verstehe ich. Deshalb ist es für Sie so wichtig, auf Ihren Verstand zu hören, der Ihnen sagt, daß Sie freiwillig hier sind, und nicht auf Ihr Gefühl, das Ihnen vorgaukelt, daß man Sie gezwungen hat. Dieses Gefühl kommt nur daher, weil Sie denken, daß man Sie gezwungen hat. Wenn Sie diese Entstellung ändern und sich sagen, wie es wirklich ist, dann wird auch Ihr Gefühl verschwinden.

Nachdem Thomas diese für ihn wichtige Erkenntnis gemacht hatte, daß niemand ihn zu der Kur gezwungen hatte, sondern daß es seine freie Entscheidung war, hörte er dauerhaft mit dem Trinken auf.

Wenn auch Sie glauben, von Ihrem Partner oder Chef zu einer Kur gezwungen worden zu sein, dann empfehle ich Ihnen darüber einmal ernsthaft nachzudenken. Mit dieser Einstellung können Sie früher oder später ernsthafte Probleme bekommen, und wenn es nur Konflikte sind, die Sie dann mit Ihrem Partner oder Chef haben.

Diese Einstellung, gezwungen worden zu sein, ist auch dann nicht sehr hilfreich, wenn Sie auf dem Wege einer gerichtlich verordneten Zwangseinweisung in Kur sind. Sicherlich, Sie hatten dann tatsächlich keine andere Wahl, als in Kur zu gehen, aber es geschah nur zu Ihrem Besten. Betrachten Sie es von dieser Seite und nutzen Sie diese Zeit so gut wie möglich. Denn letztlich geht es doch nur um Ihre Person und Ihr Leben.

Niemand kann Sie zwingen, mit dem Trinken aufzuhören, auch wenn Sie tatsächlich gezwungen wurden, eine Kur zu machen. Nur Sie alleine bestimmen über Ihr Leben und Ihre Gesundheit.

Kapitel 18

Der Kampf mit dem Verlangen
Der Fall Karlheinz

Karlheinz ist 38 Jahre alt und kommt gerade von einer dreimonatigen Entziehungskur nach Hause. Er ist der festen Überzeugung: „Ich habe es geschafft. Ich bin über dem Berg".

In den letzten zwei Monaten hatte er so gut wie nie ein Verlangen nach Alkohol verspürt. So ist es nicht verwunderlich, wenn er sich ganz sicher ist, es geschafft zu haben.

An seinem ersten Tag zu Hause macht Karlheinz einen Bummel durch die Stadt und genießt seine „wiedergewonnene Freiheit", wie er sagt.

Er kommt an seiner Stammkneipe vorbei, und da passiert es: Er verspürt ein starkes Verlangen nach Alkohol.

Karlheinz ist verwirrt. Er war sich so sicher, nichts mehr trinken zu wollen, und nun verspürt er ein Verlangen nach Alkohol. Er beginnt an sich und seinem Vorsatz, nicht mehr trinken zu wollen, zu zweifeln.

Sollte er doch tief in seinem Innern den Wunsch haben, Alkohol zu trinken? Hatte er gar schon einen Rückfall?

Seinem Therapeuten gegenüber sagte er später: „Ich wußte wirklich nicht mehr, was ich eigentlich wollte, mal so, mal so. Ich war unheimlich verwirrt und hatte große Angst".

Auch Sie werden selbst dann, wenn Sie nicht mehr körperlich vom Alkohol abhängig sind, mehr oder weniger häufig ein Verlangen nach Alkohol verspüren.

Viele Abhängige empfinden das Widerstehen als einen Kampf, der sie mürbe macht und den sie als zu beschwerlich erleben und deshalb wieder trinken.

Viele greifen aber auch wieder zum Alkohol, da sie über das Auftreten des Verlangens verwirrt sind, so wie das bei Karlheinz der Fall war.

Damit Ihnen das nicht auch passiert und Sie Sieger über Ihr Verlangen bleiben, möchte ich im folgenden darüber sprechen, woher dieses Verlangen kommt und wie Sie mit ihm so umgehen können, daß Sie ihm nicht nachgeben.

Wenn Sie sich auf der Stufe der körperlichen Abhängigkeit befinden, dann werden Sie immer dann ein Verlangen verspüren, wenn der Alkoholspiegel in Ihrem Körper abfällt. Dieses Verlangen nennt man dann Entzugserscheinung.

Neben diesem Verlangen gibt es aber auch noch ein Verlangen, das auftritt, obwohl Sie körperlich entgiftet sind und nichts mehr trinken. Dieses Verlangen steht in keinerlei Zusammenhang mit dem Alkoholspiegel im Blut. Es tritt auch dann noch auf, wenn Sie körperlich entgiftet sind. Sie haben es sich in der Zeit antrainiert, als Sie noch getrunken haben. Sie haben gelernt, bestimmte Situationen mit Alkohol in Verbindung zu bringen.

In der Psychologie sagt man, daß man gelernt hat, einen bestimmten Reiz mit einer bestimmten Reaktion zu verbinden. Ein solcher Reiz kann ein unangenehmes Gefühl sein, bei dem Sie früher oft getrunken haben, eine Kneipe oder einfach auch nur der Anblick oder Geruch von Alkohol. Automatisch kommt Ihnen in diesen Situationen der Gedanke an den Alkohol und Sie verspüren ein Verlangen nach Alkohol.

Sie haben sich quasi selbst „dressiert", in bestimmten Situationen ein Verlangen nach Alkohol zu verspüren. Ich sage deshalb dressiert, weil sich dieses Verhalten durch nichts von dem Verhalten eines Tieres unterscheidet, dem man beigebracht hat, auf ein bestimmtes Kommando hin etwas Bestimmtes zu tun.

Jedesmal, wenn Sie in eine Situation kommen, in der Sie früher getrunken haben, „erinnert" sich Ihr Körper nun daran, daß er früher bei dieser Gelegenheit Alkohol bekommen hat. Diese Reaktion Ihres Körpers verspüren Sie als Verlangen.

Nun können Sie zwar von einem Tag auf den anderen, ja, von einer Minute auf die nächste, beschließen, etwas, was Sie jahrelang getan haben, nicht mehr zu tun. Danach zu handeln, kostet Sie zu Beginn jedoch einige Anstrengung.

Nehmen Sie z.B. eine neue Jahreszahl. Geht es Ihnen nicht auch so, daß Sie trotz des Wissens, daß ein neues Jahr begonnen hat, immer noch versucht sind, bei Briefen die alte Jahreszahl zu schreiben?

Ist es nicht so, daß es am Anfang ungewohnt ist und man sich ganz bewußt daran erinnern muß, die neue Jahreszahl zu schreiben?

Wenn es Ihnen auch so geht, dann wissen Sie, was es heißt, sich etwas angewöhnt zu haben, und wie Sie es anstellen müssen, um diese Gewohnheit wieder abzulegen.

Das Verlangen nach Alkohol, das nach der körperlichen Entgiftung bei den meisten Abhängigen auftritt, unterscheidet sich in nichts von der „Versuchung", noch die alte Jahreszahl auf den Brief zu schreiben.

Der einzige Unterschied besteht darin, daß Sie wahrscheinlich sehr viel länger und mehr Alkohol getrunken haben, d.h. Ihre Gewohnheit, Alkohol zu trinken, ist sehr viel stärker ausgeprägt, als die Gewohnheit, eine Jahreszahl auf einen Brief zu schreiben.

Daher ist es auch nicht verwunderlich, wenn Sie etwas mehr Anstrengung und Zeit benötigen, um dieses Verlangen zu löschen.

Sicher können Sie sich noch an mehr Dinge erinnern, bei denen Sie sich umgestellt haben, z.B. wenn Sie von einem Wagen mit Gangschaltung auf einen Wagen mit Automatik umgestiegen sind und umgekehrt, usw.

Kehren wir zu unserem einfachen, aber sehr lehrreichen Beispiel der Jahreszahl zurück. Ein neues Jahr ist angebrochen und Sie schreiben in der ersten Januarwoche das Datum auf einen Brief. Was passiert? Entweder Sie schreiben noch die alte Jahreszahl, oder Sie machen sich rechtzeitig klar: „Halt, wir haben ja 19...“, und schreiben dann die neue Jahreszahl.

Wenn Sie die neue Jahresangabe schreiben, dann wird Ihnen das noch etwas ungewohnt sein, aber Sie wissen, daß ein neues Jahr angebrochen ist und es daher richtig ist, die neue Jahreszahl zu verwenden. Je häufiger Sie die neue Jahreszahl schreiben, umso besser geht sie Ihnen von der Hand.

Nach dem gleichen Prinzip können Sie auch lernen, Ihr Verlangen nach Alkohol zu löschen und durch ein neutrales Gefühl gegenüber dem Alkohol zu ersetzen.

Ganz konkret heißt das:

Wenn Sie das nächste Mal wieder ein Verlangen nach Alkohol verspüren und Ihnen der Gedanke durch den Kopf geht: „Jetzt einen Schluck Cognac“, dann erinnern Sie sich daran: „Ich will nicht mehr trinken und ich werde deshalb den Alkohol auch stehen lassen“.

Schenken Sie Ihrem Verlangen keine Beachtung. Wenden Sie sich etwas anderem zu, das Sie ablenkt und auf andere Gedanken bringt. Nach wenigen Minuten ist Ihr Verlangen verschwunden. Aber es kommt zurück. Und wieder machen Sie sich klar: „Ich möchte keinen Alkohol trinken“ und wenden sich etwas anderem zu. Auf diese Weise gehen Sie am besten mit Ihrem Verlangen um.

Übungen zum Löschen Ihres Verlangens

Da Sie sich das Verlangen nach Alkohol antrainiert haben, können Sie es sich auch wieder abtrainieren. Machen Sie folgendes:

Nehmen Sie sich zumindest 4 Mal täglich für die nächsten 30 Tage 10 Minuten Zeit für die folgende Übung:

1. Bringen Sie sich mit Hilfe der Spontanentspannung in eine ruhige und entspannte Stimmung (siehe Kapitel 11).

2. Versetzen Sie sich nun in Ihrer Vorstellung in Situationen, in denen Sie früher Alkohol getrunken haben. Stellen Sie sich beispielsweise vor, Sie seien mit ein paar Freunden in der Kneipe. Ihre Freunde trinken alle Alkohol, nur Sie nicht. Oder stellen Sie sich vor, daß Sie sich sehr über eine Person ärgern. In solchen oder anderen Situationen werden Sie ein Verlangen nach Alkohol verspüren.

3. Sehen Sie sich nun, wie Sie sich auch ohne Alkohol wohlfühlen und den Alkohol ablehnen.
   Sagen Sie sich in Gedanken: „Ich möchte nicht mehr trinken. Ich brauche keinen Alkohol und werde deshalb eine Cola trinken. Ich kann meinem Verlangen widerstehen und das werde ich auch tun“. Stellen Sie sich vor, wie Sie etwas Nicht-Alkoholisches bestellen und es Ihnen dabei gut geht.

4. Spielen Sie diese Situation mehrmals in Gedanken durch und führen Sie ein positives Selbstgespräch, wie ich es oben beispielhaft getan habe.

Je öfter Sie diese kleine Vorstellungsübung machen, umso eher werden Sie sich von diesem lästigen Verlangen nach Alkohol befreit haben.

In der Regel dauert es ca. 6 Monate, bis das Verlangen

nach Alkohol weitestgehend verschwunden ist. Danach tritt es nur noch selten auf.

Vorstellungen und ihr Einfluß auf das Verlangen

Ihre Fähigkeit, sich Dinge im Geiste vorzustellen und auszumalen, hat einen großen Einfluß auf Ihr Verlangen nach Alkohol. Wenn Sie sich vorstellen, wie gut Ihnen ein Schluck Alkohol täte, wie erfrischend es wäre, wenn Sie jetzt ein Bier trinken würden, dann ist es völlig verständlich, wenn Sie gegenüber dem Alkohol positive Gefühle haben und ein Verlangen nach Alkohol verspüren.

Je mehr Sie sich solch positive Gedanken und Phantasien über den Alkohol machen, umso stärker wird Ihr Verlangen. Je stärker aber Ihr Verlangen wird, umso größer ist auch die Gefahr, daß Sie wieder trinken.

Wenn Sie trocken bleiben wollen und sich dabei ertappen, daß Sie sich positive Bilder und Phantasien über den Alkohol machen, dann stoppen Sie diese Bilder. Weigern Sie sich, in solch positiven Bildern zu schwelgen, und malen sich stattdessen aus, welche Vorteile es hat, wenn Sie nicht trinken.

Sie können sich z.B. vorstellen, daß

- es Ihnen gesundheitlich von Tag zu Tag besser geht,
- Sie sich wieder respektieren können,
- Sie von anderen wieder geachtet werden,
- Sie sich keine Sorgen machen brauchen, ob andere Ihr Alkoholdepot entdecken,
- Sie wieder ganz der „Alte“ sind,
- Sie sich gut fühlen.

Wenn Sie sich das und vieles andere für Sie Bedeutungsvolle in Gedanken vorstellen, dann fühlen Sie sich gut dabei, nichts zu trinken.

Nicht nur das. Je öfter Sie diese Vorstellungsübung machen, umso mehr wird es Ihnen zur Gewohnheit, das Nichttrinken mit positiven Bildern und Gefühlen zu verknüpfen. Es wird Ihnen dann umso leichter fallen, auf den Alkohol zu verzichten.

Wann immer Ihnen der Gedanke durch den Kopf geht: „Jetzt ein Bier (oder was Sie früher getrunken haben), das wäre toll, das würde gut schmecken“ oder „Ich brauche ein Bier, ich halte das nicht mehr aus“, stoppen Sie diese Gedanken und sagen sich: „Ich will nicht mehr trinken. Ich werde deshalb meinem Wunsch folgen und nicht meinem Verlangen“.

Wenn Sie Ihren Pro-Trinkgedanken stets solche Anti-Trinkgedanken entgegensetzen und sich im Geiste positive Bilder über das Nichttrinken ausmalen, dann löschen Sie Ihre alte Angewohnheit, in bestimmten Situationen an Alkohol zu denken und danach zu verlangen.

Das ist der Schlüssel zu einem alkoholfreien Leben. Es sind Ihre Gedanken und positiven Bilder über den Alkohol, mit denen Sie sich ein Verlangen nach Alkohol machen. Sie sind diesen Gedanken jedoch nicht ausgeliefert und müssen auch nicht nach ihnen handeln. Sie können sie stoppen und durch andere, für Sie hilfreiche Gedanken ersetzen. Auch das ist eine Trainingssache.

Um eine gleichgültige Haltung gegenüber dem Alkohol entwickeln zu können, benötigen Sie Zeit und Übung. Sie können nicht verhindern, daß Sie die ersten Wochen und Monate ein Verlangen nach Alkohol verspüren. Sie können jedoch etwas dafür tun, daß es möglichst schnell verschwindet, und Sie können sich dafür entscheiden, trotz Ihres Verlangens nicht zu trinken. Das fällt Ihnen mal leichter, mal schwerer, aber es ist nicht unmöglich. Hunderttausende vor Ihnen haben es auch geschafft.

Kapitel 19

Kontrolliertes Trinken, gibt es das? Der Fall Inge

Inge ist 42 Jahre alt und seit vier Jahren trocken. Die ersten Monate nach ihrer Entziehungskur waren für sie, vor allen Dingen auf Parties und geselligen Treffen, sehr ungewohnt. Alle um sie herum tranken Alkohol. Sie war oftmals die einzige, die überhaupt keinen Alkohol trank. „Es fehlte mir einfach etwas", wie sie sich ausdrückte.

Mit der Zeit jedoch gewöhnte sie sich daran, und es war für sie ganz selbstverständlich und natürlich, keinen Alkohol zu trinken.

Wieder einmal sind sie und ihr Mann zu einer Geburtstagsfeier eingeladen. Beide amüsieren sich großartig, und es verspricht ein schöner Abend zu werden.

Inge trinkt an diesem Abend alkoholfreies Bier. Nach einer Flasche bemerkt sie ein Gefühl der Wärme in ihrem Körper, und es ist ihr „komisch zumute", wie sie sagte. Sie schaut auf die Flasche und sieht, daß es alkoholhaltiges Bier war, das sie getrunken hatte.

Im ersten Moment ist sie entsetzt und steht wie angewurzelt da. Sie erinnert sich an die Worte ihres Therapeuten, der ihr damals erklärt hatte, daß auch nur ein Schluck Alkohol genüge, um einen Kontrollverlust zu erleben.

Inge fühlt sich mit einem Mal sehr schlecht, und die ganze Feier ist für sie verdorben. Sie geht zu ihrem Mann, berichtet ihm, was vorgefallen ist, und beide beschließen, nach Hause zu gehen.

Vier Monate später - Inge hat in der Zwischenzeit keinen Alkohol mehr angerührt - bekommt sie eine Einladung zu einem Klassentreffen.

Sie freut sich riesig, endlich einmal wieder ihre alten Klassenkameradinnen zu treffen. Auf der Fahrt in den 100 km entfernten Ort, wo das Treffen stattfinden soll, macht sich Inge folgende Gedanken:

„Jetzt habe ich vier Monate keinen Tropfen Alkohol getrunken. Ich habe keinen Kontrollverlust erlebt und in dieser Zeit kein Verlangen nach Alkohol gehabt. Heißt das etwa, daß ich doch kontrolliert trinken kann?

Vielleicht bin ich doch nicht alkoholabhängig und kann kontrolliert trinken. Was kann schon passieren, wenn ich heute Abend zwei Gläser Bier trinke und dann aufhöre? Ich werde es einfach ausprobieren".

Inge trinkt, wie sie sich vorgenommen hat, an diesem Abend Alkohol. Die zwei Gläser sind jedoch schnell getrunken, und der Abend hat erst begonnen. Inge sagt sich:

„Jetzt, wo alle so lustig sind und es erst so richtig losgeht, soll ich aufhören? Ich trinke noch zwei Gläser und höre dann auf. Die machen den Braten auch nicht fett".

Nach dem vierten Glas aber vergißt sie, was sie sich vorgenommen hat, und sie trinkt und trinkt.

Am nächsten Morgen geht es ihr sehr schlecht. Sie hat einen mächtigen Kater, es ist ihr zum Erbrechen zumute, und sie ist sehr niedergeschlagen.

Sie holt sich in einem nahegelegenen Supermarkt eine kleine Flasche Weinbrand und nimmt hastig ein paar Schluck daraus. Das Gefühl, erbrechen zu müssen, und ihr Kater werden rasch schwächer. Am Abend hat Inge bereits die ganze Flasche geleert.

Nach wenigen Wochen ist sie wieder in einer solch schlechten körperlichen und geistigen Verfassung, daß es ihr schwerfällt, ihrer täglichen Arbeit nachzugehen.

Inge wurde, wie vielen anderen vor ihr auch, ein Denkfehler zum Verhängnis. Die Tatsache nämlich, daß sie auf der Geburtstagsfeier Alkohol getrunken und keinen Kontrollverlust erlebt hatte, beweist nicht, daß sie kontrolliert trinken kann. Das beweist lediglich, daß sie an diesem Abend kontrolliert trinken konnte.

Diesen Denkfehler begehen viele Alkoholabhängige. Sie haben in ihrer Entziehungskur meist gelernt, daß der Genuß auch nur eines einzigen Schluckes Alkohols sofort und unweigerlich zum Kontrollverlust führe. Das muß jedoch nicht der Fall sein.

Wenn Alkoholabhängige, aus welchen Gründen auch immer, wieder zum Alkohol greifen und erleben, daß sie keinen Kontrollverlust bekommen, dann ziehen sie daraus die durchaus verständliche Schlußfolgerung, daß sie vielleicht doch kontrolliert trinken können. Was aber liegt näher, als daß sie es dann auch ausprobieren?

Tatsache ist jedoch, daß es für einen Alkoholabhängigen nicht mehr möglich ist, kontrolliert zu trinken.

Damit Sie nicht auch aufgrund falscher Informationen diesen Denkfehler begehen, möchte ich kurz über die Art und den Verlauf von Rückfällen sprechen.

Rückfälle und wie sie verlaufen

Es gibt Alkoholabhängige, die nach einer Zeit der Abstinenz nach dem Genuß eines einzigen Glases Alkohol nicht mehr aufhören können und sofort bis zum Rauschzustand weitertrinken. Sie verlieren also sofort die Kontrolle über ihr Trinken. Die Zahl derjenigen, bei denen dies der Fall ist, ist jedoch gering.

Der weitaus größten Zahl der Abhängigen geht es so wie Inge. Sie verlieren erst Tage, Wochen oder gar Monate nach dem ersten Glas Alkohol die Kontrolle über ihr Trinken, wenn sie das zweite, dritte oder fünfte Mal trinken.

Ja, es gibt sogar Alkoholabhängige, die für ein paar Wochen täglich kontrolliert Alkohol trinken und erst dann einen Kontrollverlust erleben.

Allen ist jedoch eines gemeinsam:
Ob sofort oder ein paar Wochen später, alle erleben das, was wir einen Kontrollverlust nennen.

Aus meiner Erfahrung und der Erfahrung anderer Therapeuten weiß ich, daß es keinen Alkoholabhängigen gibt, der auf Dauer kontrolliert trinken kann. Alle kehren früher oder später zum unkontrollierten Trinken zurück.

Ich weiß, daß die Versuchung groß ist, das kontrollierte Trinken auszuprobieren. Der Grund dafür, daß soviele das Unmögliche versuchen, ist, daß sie nicht die Tatsache akzeptieren wollen, daß sie alkoholabhängig sind. Sie versuchen sich und anderen zu beweisen, daß sie nicht alkoholabhängig sind.

Wenn Sie sich jedoch dagegen wehren, daß Sie alkoholabhängig sind, und vor sich und anderen diese Tatsache leugnen, dann wird Ihnen dieser Selbstbetrug früher oder später zum Verhängnis. Sie werden dann wieder trinken.

Voraussetzung, daß Sie trocken bleiben, ist, daß Sie dazu stehen, alkoholabhängig zu sein. Dieses Eingeständnis mag schmerzlich sein, aber es ist die Vorbedingung für ein alkoholfreies und zufriedenes Leben.

Akzeptieren Sie sich mit Ihrem Alkoholproblem

Sie können zu Ihrem Alkoholproblem umso eher stehen, je weniger Sie diese Krankheit als eine Schande empfinden. Wenn Sie Ihre Abhängigkeit vom Alkohol als das Schrecklichste ansehen, was Ihnen passieren konnte, dann übertreiben Sie damit gewaltig. Gleichzeitig verhindern Sie dadurch aber auch, daß Sie dazu stehen können. Sich selbst trotz dieser Krankheit zu akzeptieren, das ist auch hier ganz entscheidend.

Nur wenn Sie sich selbst akzeptieren, so wie Sie sind,
mit Ihren Schwächen und Ihrer Abhängigkeit,
dann sind Sie in der Lage,
dauerhaft abstinent zu leben.

Nehmen Sie gleich jetzt einmal einen Spiegel, schauen sich in die Augen und sagen Sie sich:

„Peter (Ihr Name), ich mag dich, so wie du bist. Auch mit deiner Krankheit bist du ein liebenswerter und wertvoller Mensch. Du brauchst dich nicht zu verstecken oder zu schämen. Du hast einen Fehler gemacht, einen großen Fehler, aber ich verzeihe dir diesen Fehler".

Sagen Sie sich diese Worte 100 Mal am Tag für die nächsten 30 Tage. Diese Übung mag Ihnen schwerfallen, und vielleicht sträubt sich alles in Ihnen. Machen Sie die Übung trotzdem, auch wenn Sie diese Gedanken zu Beginn nicht mit Überzeugung sagen können, auch wenn Sie denken, daß Sie sich belügen. Achten Sie nicht auf Ihre Gedanken, die Sie davon abhalten möchten. Diese Übung zählt zu den schwierigsten, die ich Ihnen vorschlage, aber sie ist auch die wichtigste und mächtigste von allen.

Seien Sie sich ein guter und verständnisvoller Freund. Gehen Sie mit sich nicht wie mit einem Schwerverbrecher ins Gericht.

Kapitel 20

Hilfe, ich habe wieder getrunken

Sie haben sich so fest vorgenommen, nichts mehr zu trinken. Sie waren sich so sicher, und dann ist es doch passiert: Sie haben wieder getrunken.

Sie quälen sich nun mit einer Menge von Vorwürfen und Selbstzweifeln. Sie werfen sich vor, ein Versager und ein Schlappschwanz zu sein, keine Willenskraft zu haben und minderwertig zu sein. Sie haben Angst, große Angst und sind deprimiert. Sie schämen sich und würden am liebsten vor sich davonlaufen.

Diese Erfahrung machen mehr als die Hälfte aller alkoholabhängigen Menschen, die für einige Zeit trocken waren. Diese Erfahrung zerstört all das Vertrauen des Abhängigen in seine Person und das Vertrauen des Partners in ihn.

Und dennoch: Die Schlacht ist nicht verloren. Sie haben einige Siege errungen und nun eine Niederlage erlitten, das ist alles.

Nichts ist verloren

Sie können wieder aufhören. Sie können Ihr Leben in Trockenheit fortsetzen. Es ist nicht alles verloren. Sie können alles zurückgewinnen: Ihr Vertrauen in sich, Ihre Sicherheit, Ihr Selbstwertgefühl. Sie können Ihr Leben in Trockenheit fortsetzen, wenn Sie diesen Fehler nicht zu einer Frage von Sein oder Nichtsein machen.

Gehen Sie zu jemandem und vertrauen sich ihm an. Rufen Sie jemanden an, der ebenfalls abhängig ist. Keine Angst, er wird Sie nicht verurteilen. Er wird nicht auf Sie hinunterschauen oder Sie nicht abweisen. Er wird für Sie Verständnis haben und Ihnen zu helfen versuchen.

Es ist keine Schande, einen Rückfall zu haben, auch wenn Sie es als die größte Schande ansehen. Lassen Sie sich helfen. Auch das ist keine Schande. Im Gegenteil. Sich selbst eingestehen zu können, daß man gegenüber dem Alkohol ohnmächtig ist, das ist der Neubeginn.

Sie haben eine Niederlage erlitten. Na und? Wieviele Niederlagen haben Sie schon in Ihrem Leben eingesteckt und sind darüber hinweggekommen? Auch diese Niederlage werden Sie überwinden, wenn Sie sich dafür nicht verurteilen und in Selbstmitleid zergehen. Ergreifen Sie die Hand, die man Ihnen reicht, und lassen sich helfen.

Was Ihnen nun am allerwenigsten hilft, sind Gedanken wie:

„Du bist ein Schwächling“.
„Du bist ein Versager“.
„Alles ist verloren“.
„Jetzt ist alles aus“.
„Mir ist einfach nicht zu helfen“.
„Ich bin ein hoffnungsloser Fall“.
„Ich werde es nie schaffen“.
„Jetzt ist sowieso alles egal“.
„Jetzt kann ich auch weitertrinken“.

Solche und ähnliche Gedanken sind nun Ihre größten Feinde. Nicht die Tatsache, daß Sie wieder getrunken haben, ist so schlimm. Es sind vielmehr die negativen und übertrieben pessimistischen Gedanken, mit denen Sie Ihre Niederlage sehen.

Alles Jammern und Klagen, alle Selbstzweifel und Selbstanklagen, alle Vorwürfe und all Ihre Selbstkritik sind vergebens und sinnlos.

Sie können neu beginnen, aber nicht, wenn Sie so denken. Dann geben Sie sich auf. Der erste Schritt zu einem Neubeginn ist, daß Sie sich Ihre Niederlage eingestehen und vor allem dazu stehen. Das können Sie jedoch nur, wenn Sie sich nicht ans Kreuz nageln und aufgeben.

Viele, sehr viele Alkoholabhängige, schaffen es erst nach dieser Niederlage, dauerhaft mit dem Trinken aufzuhören. Ja, es scheint so, als ob viele diesen Rückfall benötigen, um endgültig zu erkennen, daß sie ihre Krankheit nur durch die permanente Abstinenz in den Griff bekommen können.

In jedem Rückfall liegt die Chance
für einen Neubeginn.

Auch für Sie!

Geben Sie sich noch eine Chance, und wenn nötig, eine weitere Chance. Geben Sie nicht den wichtigsten Menschen in Ihrem Leben auf: sich selbst.

Die anderen werden Ihnen wahrscheinlich schon genügend Vorwürfe machen. Seien wenigstens Sie sich ein guter Freund und lassen sich nicht selbst wie eine heiße Kartoffel fallen. Rufen Sie einen Freund oder den Therapeuten an, bei dem Sie in Kur waren. So aussichtslos Ihre Lage auch zu sein scheint, sie ist es nicht. Tun Sie nur diesen einen Schritt und lassen Sie sich helfen.

Schlußwort

Es sagt sich leicht, was schwer sich tut. Ich weiß, liebe Leserin, lieber Leser, daß es alles andere als einfach ist, sich aus einer Abhängigkeit vom Alkohol zu lösen. Doch damit nicht genug: Trocken zu sein ist nicht alles. Zufrieden trocken sein, sein Leben trotzdem zufrieden und erfüllt zu leben, das ist eine weitere, schwierige, aber lohnenswerte und wichtige Aufgabe. Seine Probleme trocken angehen und sie lösen zu können halte ich, neben der Abstinenz, für die wichtigste Aufgabe eines Alkoholikers. Wenn Sie es schaffen, nüchtern Ihre seelischen Probleme zu lösen, dann ist die Gefahr, daß Sie wieder zum Alkohol greifen, gering.

Es liegt also ein hartes Stück Arbeit vor Ihnen. Nehmen Sie deshalb jede Hilfe an, die sich Ihnen bietet. Machen Sie sich die Selbsthilfe-Strategien dieses Buches zu eigen und lernen, Ihre Probleme anders als durch Alkohol zu lösen. Wenn es Ihnen nicht alleine gelingt, dann wenden Sie sich an einen Psychotherapeuten, der Ihnen dabei behilflich sein kann. Auch werden an Volkshochschulen viele Kurse beispielsweise zum Thema „Selbstsicheres Auftreten" angeboten. Machen Sie davon Gebrauch.

Ich wünsche Ihnen von ganzem Herzen, daß Sie den Mut und die Ausdauer aufbringen, sich aus Ihrer Abhängigkeit vom Alkohol zu lösen, und Sie einen Weg in ein neues und erfülltes Leben finden.

Dr. Rolf Merkle

Verschenktexte

Doris Wolf/Rolf Merkle
Verschreibungen zum Glücklichsein
ISBN 3-923614-04-7

Doris Wolf/Rolf Merkle
Kraftquellen für den Alltag
ISBN 3-923614-51-9

Shad Helmstetter
Anleitung zum Positiven Denken
ISBN 3-923614-28-4

Rolf Merkle
Auch Du kannst mehr aus Deinem Leben machen
ISBN 3-923614-16-0

Start in ein neues Lebensgefühl